Friedrich Lorentz

Über das schwache Präteritum des Germanischen

Verlag
der
Wissenschaften

Friedrich Lorentz

Über das schwache Präteritum des Germanischen

ISBN/EAN: 9783957005472

Auflage: 1

Erscheinungsjahr: 2015

Erscheinungsort: Norderstedt, Deutschland

Hergestellt in Europa, USA, Kanada, Australien, Japan
Verlag der Wissenschaften in Hansebooks GmbH, Norderstedt

ÜBER

DAS SCHWACHE PRÄTERITUM DES GERMANISCHEN

UND

VERWANDTE BILDUNGEN DER SCHWESTERSPRACHEN.

EINE SPRACHWISSENSCHAFTLICHE UNTERSUCHUNG

VON

Dr. FRIEDRICH LORENTZ.

LEIPZIG
K. F. KOEHLER'S ANTIQUARIUM
1894.

MEINER LIEBEN MUTTER.

Während man über die Herkunft des starken Präteritums der german. Sprachen vollständig im Klaren ist, liegt über der Abstammung des schwachen Präteritums noch ein dichtes Dunkel. Die früher allgemein angenommene Ansicht Grimm's und Bopp's, dass dasselbe seine Entstehung einer Zusammensetzung des Verbalstammes mit dem Perfect der Wurzel *dhē* »thun« verdanke, wurde nach und nach aufgegeben, seit Begemann in seinen beiden Schriften »Das schwache Präteritum der germanischen Sprachen« und »Zur Bedeutung des schwachen Präteritums der germanischen Sprachen« mit schwerwiegenden Gründen dagegen angekämpft hat. Zunächst erfuhren allerdings die Begemann'schen Schriften allseitige Ablehnung, so von Braune, Litterar. Centralbl. 1873, Nr. 52, Sievers, Jenaer Litteraturzeitung 1874, Nr. 2, Bezzenberger, Z. f. d. Ph. 5, 471 ff., Delbrück, ebd. 6, 230 ff.; den letzten Versuch, durch Beseitigung gewisser lautlicher Schwierigkeiten, auf welche Begemann sich stützte, die alte Ansicht zu retten, machte Paul, P. B. B. 7, 136 ff. Seit aber Möller, Engl. Stud. 3, 160 ff., P. B. B. 7, 457 ff. die alte Ansicht ebenso entschieden wie Begemann verworfen hat, ist auch von den übrigen Forschern nicht mehr versucht worden, die Zusammensetzung mit *dhē* nachzuweisen.

Jedoch ist es bis jetzt noch nicht gelungen, eine allseitig befriedigende Erklärung des Ursprungs dieser eigenthümlichen Präteritalbildung zu geben. Denn es ist nicht allein der Dental, welcher eine Aufklärung fordert: auch die Endungen sind so eigenartig, dass noch kein Analogon für dieselben im Kreise der verwandten Sprachen gefunden ist.

Von den bis jetzt aufgestellten Erklärungsversuchen können nur drei in Betracht kommen, da nur sie zugleich Dental und Endungen nach einheitlichem Gesichtspunkt aufzuhellen suchen. Es sind dies die von Behaghel (bei Wackernagel, K. Z. 30, 313), Collitz (A. J. o. Ph. 9, 42 ff., B. B. 17, 227 ff.) und Kluge (P. G. 1, 375 f.) aufgestellten Theorien.

Behaghel knüpft bei seiner Erklärung ebenso wie Wackernagel bei der des griech. θην- Aorists an die altind. mediale Secundärendung *-thās* an. Ein ursprachliches *-thēs* hätte im German. sicher zu *-dēs* bezw. *-dēz* geführt. Er meint nun, dass sich von dieser Endung aus das Paradigma des schwachen Praet. aufgebaut habe. Dies würde allerdings die got. Formen erklären, aber nicht die der andern Dialecte mit ō-Vocalismus. Daher ist es klar, dass dieser Endung allein die Entstehung des schwachen Praet. nicht zuzuschreiben ist.

Weit weniger befriedigend als diese ist die von Collitz aufgestellte Hypothese. Er identificiert die 1. und 3. Sing. des schwachen Praet. mit den entsprechenden Formen des medialen Perfects der Ursprache. Hierfür hat er seiner Ansicht nach (Anz. f. d. Altt. 17, 280) drei von einander unabhängige Beweise gegeben, nämlich:

1. die Identität der Endungen dieser Formen mit den entsprechenden Endungen des Präsens Passivi im Germanischen;

2. die Identität der ohne Flexions-*t* gebildeten schwachen Präterita *iddja* und *deda* mit lat. *ii* und ved. *dadhē*;

3. die Identität der mit Flexions-*t* gebildeten schwachen Präterita mit der 3. Sing. Perf. Med. auf *-tai̯*.

Diese Beweise sind aber keineswegs von einander unabhängig, denn sie beruhen sämmtlich auf der Annahme, dass ursprachl. *-ai̯* im Ahd., ebenso wie im Got., durch *-a* vertreten werde. Ist dies nicht der Fall, so sind der erste und dritte Beweis ohne weiteres hinfällig, und auch *deda* ist nicht mit dem ved. *dadhē* gleichzusetzen. Die Gleichung *iddja* = lat. *ii*, ist aber, wie Brugmann, Grundr. 2, 1254 gezeigt hat, falsch. Mag man nun auch Collitz zugeben, dass *-ai̯* im Ahd. als *-a* erscheint — einen Beweis dafür hat er trotz der Gleichung ahd. *fora*, gr. παραι- nicht erbracht —, so bleiben doch noch mancherlei Schwierigkeiten übrig. Um den Dental zu erklären, muss er zunächst eine Übertragung der Endung der 3. Sing. Präs. *-taį* ins Perfect annehmen, und von der 3. Sing. aus soll sie dann in die 1. Sing. verschleppt sein. Auf altes *-taį* aber kann die im Nord. vorliegende Endung der 1. Sing. nicht zurückgeführt werden. Diesen Zwiespalt swischen den einzelnen Dialecten sucht Collitz dadurch zu beseitigen, dass er die nord. Endung für die des Conj. erklärt, welche schon im Urgerm. in den Indic. eingefügt sei, um die Doppeldeutigkeit der Endung *-taį* oder in urgerm. Form *-đaį* zu vermeiden. Die Möglichkeit, dass eine Conjunctivform als Indic. verwandt wird, ist allerdings nicht zu bestreiten. Aber wahrscheinlich ist diese Annahme keineswegs, da im Got. dieselbe Form als 1. Sing. Optat. erscheint. Vollständig versagt aber die Perfect-Hypothese bei der Erklärung der 2. Sing., was auch Collitz selbst eingestehen muss (B. B. 17, 242). Dazu kommen noch die von Collitz mit keinem Wort erwähnten Pluralendungen *-tōm -tōt -tōn* und die Optativendung *-tī* des alemann. Dialects. Ob und wie Collitz diese von medialen Perfectformen aus erklären will, weiss ich nicht; vielleicht will er auch hierin wie in der 1. Sing. Conjunctivformen sehen.

Es kommt aber noch ein Punkt, welcher die Perfect-Hypothese unannehmbar macht. Die Stammbildung stimmt nämlich keineswegs ganz zu derselben. Denn, worauf neuerdings wieder Brugmann, Grundr. 2, 1275, aufmerksam macht, der Dental in as. *libda* kann nicht auf ursprachliches *t* zurückgehen: dies müsste **lifta* heissen. Collitz hat sich, so viel ich sehe, über dies Wort nicht ausgesprochen.

Aus diesen Gründen ist mir die von Collitz aufgestellte Hypothese unannehmbar. Denn sie reicht nicht einmal vollständig zur Erklärung der 3. Sing. aus, auf welche sie sich doch hauptsächlich stützen muss.

Einen ganz andern Standpunkt nimmt Kluge bei seiner Erklärung ein. Er nimmt an, dass es in der idg. Grundsprache einen *t*-Aorist gegeben habe, dessen Themavocal *ō*:*ē*:*ə* gewesen sei. Dieser Aorist habe sich nur im schwachen Prät. des German. erhalten, während alle übrigen verwandten Sprachen ihn verloren haben. Dass es einen solchen Aorist nicht gegeben habe, ist nicht zu erweisen. Auffällig ist dabei nur das, dass er in allen andern Sprachen ganz spurlos untergegangen ist. Ich glaube daher nicht, dass man eine solche Bildung, welche nur in einer Sprache erhalten ist, zur Erklärung eben dieser Bildung gebrauchen darf. Ja wenn wir sonst noch irgendwo einen Ablaut des Themavocals $\bar{o}:\bar{e}:\partial$ innerhalb éines Paradigmas fänden! Aber auch dieser steht ganz vereinsamt da.

Da keiner der bis jetzt aufgestellten Erklärungsversuche ganz befriedigt, es ist gestattet, einen neuen vorzutragen. Zuvor aber muss ich noch einige Bemerkungen vorausschicken. Die sog. schwachen Verba der german. Sprachen umfassen bekanntlich die verschiedensten Bildungen: primäre Verba, Denominativa, Causativa. Die oben besprochenen Erklärungsversuche gingen alle von den primären Verben aus, kamen aber, wie wir gesehen haben, nicht zu befriedigenden Resultaten. Ich werde bei der folgenden Untersuchung gerade von den Denom. ausgehen und hoffe damit zum Ziele zu gelangen.

Eine Hypothese über eine Formbildung kann nur dann befriedigen, wenn es gelingt, sämmtliche in Betracht kommende Formen aus ihr zu erklären. Bei der Untersuchung über den Ursprung des schwachen Prät. sind vier Punkte zu betrachten: die Personalendungen, der Dental, die Stammbildung und der ursprüngliche Sitz des Accents. Aber diese vier Punkte müssen aus einem Bildungsprincip erklärt werden, wenn überhaupt die Hypothese einen Anspruch auf Gültigkeit erheben soll.

I.

Bevor wir zur Behandlung der einzelnen Personalendungen übergehen, ist zunächst festzustellen, welche von ihnen überhaupt als alt angesehen werden dürfen. Alle Formen, welche irgendwie den Verdacht der Übertragung erwecken, dürfen nicht als Beweis verwandt werden. Doch wird, wo wir eine Übertragung annehmen, später zu untersuchen sein, wie dieselbe zu Stande gekommen ist. Daher sind die Endungen des Plurals bei Seite zu lassen, da sie vollständig mit den entsprechenden Endungen des starken Prät. übereinstimmen; doch werden wir unten sehen, dass gerade diese die lautgesetzlich zu erwartenden sind. Von den Endungen des Sing. braucht ferner im Got. und Westgerm. nur die 1. oder die 3. Person lautgesetzlich entwickelt zu sein, da auch im starken Prät. die beiden Formen zusammenfallen und nach Analogie derselben dies Verhältnis auch im schwachen Prät. durchgeführt sein kann. Dagegen muss in allen Dialecten die Endung der 2. Sing. erklärt werden, ebenso im Got. das im Plural und Dual auftretende *-ēd-* und endlich im Ahd. die alemann. Pluralendungen und das *-ī* der 1. und 3. Sing. des Optativs.

Ich bespreche zunächst die Endungen des Singulars.

Als Endung der 1. Sing. finden wir im Got. *-a*, im Westgerm. ebenfalls *-a* (ahd. as. *-a*, ags. *-e*), im Nord. *-a*, das nach Ausweis der Runeninschriften auf urnord. *-o* zurückgeht. Diese Endungen auf eine einheitliche urgerm. Grundform zurückzuführen, ist unmöglich. Dies gestatten weder die von Brugmann, Grdr. 1, 514 ff., noch die von Kluge, P. G. 1, 366, noch die von Hirt J. F. 1, 207 ff., aufgestellten Auslautgesetze. Am nächsten würde man einer solchen Einheit bei Kluge's Auslautgesetzen kommen, nach denen die Endungen des Westgerm. und Nord. unter urgerman. *-ōn* vereinigt werden können, das got. *-a* muss dann als Übertragung aus der 3. Sing. angesehen werden. Da aber Kluge die von ihm gefundene Vertretung von urgerm. *-ōn* und *-ēn* selbst als »sonderbar« bezeichnet, auch keinen genügenden Beweis dafür beibringt, ist nicht viel darauf zu geben. Nach Brugmann muss als urgerm. angesetzt werden auf Grund des Nord. *-ōn*, des Westgerm. *-ēn*; im Got. ist auch hier Übertragung aus der 3. Sing. anzunehmen. Nach Hirt weisen die nord. und westgerm. Formen auf *-ōn* mit gestossenem Ton, die got. auf *-ēn* mit gestossenem Ton hin. Es wird hiernach, wenn Brugmann Recht hat, als urgerm. sicher *-ōn* und *-ēn* anzusetzen sein; hat Kluge Recht, ist nur *-ōn* anzusetzen; hat Hirt Recht, ist vielleicht neben *-ōn* auch *-ēn* anzusetzen; es ist dies aber fraglich, da das got. *-a* auch aus der 3. Sing. bezogen sein kann. Ein sicheres Zeugnis für die einst wirklich vorhandene Doppelheit von *-ōn* und *-ēn* würden wir besitzen, wenn das im Ahd. mehrfach belegte *-o* besser bezeugt wäre. Hierdurch wäre nämlich bei der Annahme von Brugmann's Auslautsgesetzen auch *-ōn* innerhalb des Westgerm., nach Kluge *-ēn* wenigstens als urwestgerm. bezeugt. Nach Hirt würde dies ahd. *-o* auf altes *-ō̃* mit schleifendem Ton hinweisen: eine Form, die ich mir nicht erklären kann, da Sandhi in der 1. Sing. bis jetzt noch nicht nachgewiesen und auch wohl kaum anzunehmen ist.

Die 2. Sing. endet im Got. auf *-ēs*, im Ahd. auf *-ōs* neben einmaligem *-ēs*, in *chiminnerodes* bei Isidor; die bei Tatian vorhandenen Nebenformen *-as -us* sind sicher mit Sievers, P. B. B. 9, 561 Anm., als junge Neubildungan anzusehen. Jenen Endungen entsprechen auch die der übrigen Dialecte: an. *-er -ir*, as. *-es -as -os*, ags. *-es*. Man wird nicht umhin können, für das Urgerm. *-ēs* und *-ōs* als Endungen anzusetzen. Wie ist nun aber die weitere Entwicklung vor sich gegangen? Nach Ausweis des got. *habais* aus urgerman. **habēsi* sollte man hier als Endung *-ais* erwarten. Streitberg, Zur german. Sprachgesch. 77 ff., möchte die Erhaltung des *ē* dem schleifenden Ton zuschreiben. Da fragt man sich aber vergebens, wo denn hier der schleifende Ton hergekommen ist. Auch müsste man, wenn éine Endung schleifende Betonung hat, diese für die übrigen voraussetzen: die 1. Sing. kann aber keinen schleifenden Ton gehabt haben. Wir werden daher für die Erhaltung des *ē* einen andern Grund suchen müssen. Steitberg hat a. a. O. 77 für den Übergang von urgerman. *ē* zu got. *ai* (d. i. *ǣ*) folgendes Lautgesetz aufgestellt: Geschlossenes *ē* wird in nichthaupttoniger Silbe vor stimmlosen dentalen Spiranten zu offenem *ǣ* (geschrieben *ai*), falls seine Accentqualität die gestossene ist. Diesem Satze widerspricht nur unsere Endung. Denn hier haben wir vor stimmlosem *s* das geschlossene *ē* erhalten. Deshalb versucht Streitberg ihr schleifenden Ton zuzuschreiben. Das geht aber doch nicht so ohne weiteres, denn er hätte doch dann auch ihre Herkunft und Bildung bestimmen müssen. Es scheint fast, als sollte das Gesetz Streitberg's an unserer Endung scheitern. Doch das ist nicht der Fall. Für sein Gesetz kann Streitberg ausser den got. *ai*-Verben nur die von Johansson, De derivatis verbis contractis S. 187 aufgestellte Gleichung got. *sijais* = lat. *siēs* als Beweis anführen. Dass das got. *sijais* lautgesetzlich aus einem urgerman. **siįēs* entstanden ist, ist aber durch nichts bewiesen. Auf den ersten Blick erscheint vielmehr viel wahrscheinlicher, was man bisher annahm, dass *sijais* eine Umbildung nach Formen wie *bairais* ist, da *sijau* in der ganzen Flexion mit *bairau* übereinstimmt. Es ist nicht einmal sicher zu bestimmen, ob *sijais* aus **siįēs* lautgesetzlich entstanden sein kann. Denn hierzu wäre es nötig zu wissen, ob das *ai* in *bairais* als Diphthong *ai* oder als offenes *ǣ* zu lesen ist. Denn ist das erstere der Fall, so kann man an eine lautgesetzliche Entwicklung von *sijais* aus **siįēs* überhaupt nicht denken. Ist *sijais* nicht lautgesetzlich entwickelt, so ist Streitberg's Gesetz anders zu fassen. Es bleiben dann nur die 2. 3. Sing. und die 2. Plur. der *ai*-Verba zum Beweise übrig. Hier liegen aber die Verhältnisse ganz anders als bei der Endung *-ēs*. Bei den *ē*-Verben stand nämlich das *ē* ursprünglich in offener Silbe, *-ē-si -ē-þi -ē-þi*, während es in der Endung der 2. Sing. des schwachen Prät. in geschlossener Silbe stand. Es hat dann vielleicht der Übergang von *ē* zu *ǣ* nur in ursprünglich offener Silbe stattgefunden. Doch ist hierbei zu bedenken, dass diese Möglichkeit nur dann auch wahrscheinlich ist, wenn das *ai* des Opt. als Diphthong, nicht als Monophthong zu lesen ist. Ist es dagegen als *ǣ*, nicht als *ai* zu lesen, so ist damit auch die Möglichknit gegeben, *sijais* auf **siįēs* zurückzuführen. Dann aber ist für das *-ēs* des Prät. eine andere Erklärung zu suchen. Und eine solche lässt sich finden, ohne dass man den schleifenden Ton deshalb zu behelligen braucht. Das auslautende gotische *-s* kann ebensogut ursprüngliches stimmhaftes *-z* wie stimmloses *-s* vertreten. Hier scheinen allerdings die westgerm. Dialecte stimmloses *s* zu beweisen, aber gerade in der 2. Sing. ist dort häufig stimmhaftes durch enklitischen Anschluss des Pronomens *þū wieder stimmlos geworden. Dies ist auch hier der Fall gewesen. Denn, wie wir in Cap. V sehen werden, hatte das schwache Prät. keine Endbetonung. Darnach musste ein altes *-ēs* zu *-ēz* werden; vor *z* aber soll nach dem Streitberg'schen Gesetz der Lautwandel von *ē* zu *ǣ* nicht eintreten: es ist hier alles in schönster Ordnung. Unsere Endung *-ēs* beweist uns auch, dass der Lautwandel von geschlossenem *ē* zu offenem *ǣ* in ziemlich alte Zeit, ja wenn Brugmann mit seiner höchst wahrscheinlichen Annahme, Grundr. 1, 438, Recht hat, vor das Wirken des vocalischen Auslautgesetzes fällt. Denn das *s* bezw. *þ*, vor dem sich sonst der Lautwechsel findet, ist altes *s* und *þ*, wie die Gleichung got. *sijais* = ai. *siyā́s* und die stimmhaften Spiranten in ahd. *dagēn* = lat. *tacēre*, got. *liban* = abulg. *pri-lĭpěti* 'angeklebt sein' beweisen; mit dem für Wurzelbetonung sprechenden got. *þahan* hoffe ich unten auf andere Weise fertig zu werden. Hiernach kann Streitberg's Gesetz in seinem vollen Umfang aufrecht gehalten werden, wenn, was immer dabei hervorgehoben werden muss, das *ai* im Opt. — und überhaupt in nichthaupttoniger Silbe — als Monophthong, nicht als Diphthong zu lesen ist. Doch kann ich auf diese Frage hier nicht weiter eingehen.

Wie steht es nun mit der im Westgerm. vertretenen Endung *-ōs*? Hatte *-ēs* gestossenen Ton, so kann auch *-ōs* nur solchen gehabt haben. Nach Hirt's Ausführungen, J. F. 1, 213 f., soll aber ein urgerman. *-ōs* mit gestossenem Ton im Westgerm. zu *-u* führen. Dies Gesetz ist jedoch in jeder Beziehung mehr als unsicher. Hirt kann für dasselbe nur zwei Fälle, ahd. *sigu* und *situ*, anführen. Daneben stehen aber im Got. *sihu* und *sidus*. Soll man diese einer sonst unbewiesenen Theorie zuliebe von den ahd. Worten trennen? Das ist denn doch nicht erlaubt. Es ist allerdings nicht zu verkennen, dass got. *sihu* eine ziemlich zweifelhafte Form ist; es wird aber mit Braune, Got. Gramm.³ § 106 Anm. 1, in *sigu* zu ändern sein und ist dann regelrechter Acc. zu einem dem ahd. *sigu* genau entsprechenden **sigus*. Was die Erklärung dieser Formen betrifft, so kann man einmal mit Brugmann und Joh. Schmidt annehmen, dass uns hierin ein von Alters her neben dem *s*-Stamm hergehender *u*-Stamm erhalten ist, wie er in ai. *sáhu-ri-*, gr. ἐχυ-ρός, ὀχυ-ρός vorliegt, oder, was mir wahrscheinlicher ist, wir haben mit Sievers in dem *u* den Vertreter von ursprachl. *ə* zu sehen und demnach als Grundformen **seghəs*. **sedhəs* anzusetzen. Diese ahd. *sigu* und *situ* sind aber gerade diejenigen Formen, mit denen Hirt sein Gesetz, dass auslautende Längen, wenn sie gestossen betont sind, auch vor deckenden Consonanten verkürzt werden, hauptsächlich beweisen will. Denn wo sich sonst gestossen betonte Längen im Auslaut finden, folgt Nasal oder Liquida, und dann liegt die Sache schon ganz anders, da auch im Inlaut vor Nasal oder Liquida + Consonant lange Vocale verkürzt werden. Gegen das Gesetz spricht aber vor allem die 2. Sing. des schwachen Prät. Dieser schleifenden Ton zuzuschreiben, ist, wie wir oben gesehen haben, durch nichts gerechtfertigt. Ebensowenig aber darf man sie mit der Primärendung ansetzen: eine Annahme, die allerdings nicht zu widerlegen, aber auch durch nichts glaubhaft zu machen ist. Ferner spricht gegen das Verkürzungsgesetz das got. *sijais*, d. h. wenn Streitberg's Gesetz voll aufrecht zu erhalten ist. Denn dass *sijais* sich in der Flexion so ganz an *bairais* angeschlossen hat, ist nur dann zu verstehen, wenn dns *ai* in *sijais* dasselbe *ǣ* repräsentiert wie das in *bairais*. Denn das *ai* in *bairais* kann unmöglich kurzes *æ* vertreten. da es, wenn es nicht noch Diphthong war, doch erst im Got. selbst zum Monophthong geworden war. Dazu kommt noch, dass es nach Hirt schon darum lang gewesen sein muss, weil es ursprünglich schleifend betont war. Bei unserer Endung ist jedenfalls von einer Verkürzung nichts zu spüren[1]).

Wir kommen also bei der 2. Sing. ebensowenig wie bei der 1. Sing. zu einer einheitlichen Endung. Wir haben für das Urgerm. *-ēz* anzusetzen; daneben stand, wenigstens schon im Westgerm. *-ōz*. Die Entstehung dieser Endungen und ihr

1) Auch die von Hirt, P. B. B. 18, 274ff., angeführten Beispiele von Verkürzung vor *-s* sind alle anders zu erklären.

gegenseitiges Verhältnis haben wir erst dann zu besprechen, wenn wir die ganze Flexion im Zusammenhang behandeln.

Als Endung der 3. Sing. finden wir im Got. und Ahd. *-a*, im Ags. *-e*, das auf älteres *-æ* zurückgeht (Sievers, Ags. Gr.[2] § 44 Anm. 1), im As. *-a -e* und im Nord. *-e -i*. Hier ist es nun schon a priori sehr wahrscheinlich, dass wir die Endungen finden, welche denen der 1. und 2. Person entsprechen, nämlich *-ēđ* bezw. *-ōđ* mit gestossenem Ton. Nachzuweisen ist von diesen nur *-ēđ*; auf welches das as. *-a -e* und das an. *-e -i* hinweisen. Das got. *-a* kann ebensogut das urgerman. *-ēđ* wie *-ōđ* fortsetzen. Da aber die 2. Person (die 1. ist, wie wir gesehen haben, nicht frei von dem Verdacht, ihre Endung aus der 3. Sing. übernommen zu haben) den *ē*-Vocalismus zeigt, ist es wahrscheinlich, dass auch die 3. Sing. auf ursprüngliches *-ēđ* zurückgeht. Nur das *-a* des Ahd. und das *-e* des Ags. ist weder auf *-ēđ* noch auf *-ōđ* zurückzuführen. Dagegen sind beide Formen als Neubildung leicht zu begreifen. Denn da im starken Prät. die 1. und 3. Sing. lautgesetzlich zusammenfielen, konnte es leicht geschehen, dass dies Verhältnis auch auf das schwache Prät. übertragen wurde. Für das Urgerm. ist also als Endung der 3. Sing. *-ēđ* anzusetzen; ob daneben auch ein *-ōđ* vorhanden war, ist nicht zu erweisen.

Für das Urgerm. erhalten wir also als Endungen des Singulars:

Sg.	1.	*-ēm*	*-ōm*
	2.	*-ēz*	*-ōz*
	3.	*-ēđ*	**-ōđ*

Die jetzt wohl allgemein angenommene Ansicht ist die, dass die 1. Sing. *ō*-Vocalismus, die 2. und 3. *ē*-Vocalismus hatten. Diese Annahme ist nur dann zu halten, wenn man Kluge's oder Hirt's Auslautsgesetze acceptiert. Treffen dagegen Brugmann's Gesetze das Richtige, so hat sie durchaus keine Wahrscheinlichkeit für sich. Denn dann müsste man für das Ahd. eine höchst sonderbare Analogiebildung annehmen, nämlich dass sich die 1. Sing. im Vocalismus nach der 2., und wiederum die nach der 1. umgebildet habe. Folgt man dagegen Kluge oder Hirt, würden sich die vorhandenen Formen aus einer ursprünglichen Flexion *-ōm -ēz -ēd* leicht erklären lassen. Wäre dies jedoch die von ältester Zeit her bestehende Flexion, so läge die Lösung des Problems der schwachen Präteritalflexion des Germ. noch in weiter Ferne. Denn in keiner der idg. Sprachen ist bis jetzt eine Flexion *-ōm -ēs ēt* sicher nachgewiesen — vom griechischen Conj., bei dem die Verbreitung von *ō* und *ē* noch nicht sicher als alt erwiesen ist, sehe ich hier ab, denn dieser wird zur Aufhellung des germ. Prät. kaum etwas beitragen können. Die Sache liegt hier also so: Auf Grund der germ. Formen können wir vielleicht eine urgerm. Flexion *-ōm -ēz -ēd* aufstellen, eine solche Flexion befriedigend zu erklären, begegnet aber grossen Schwierigkeiten. Ferner ist es bei der heute noch herrschenden Unsicherheit der germ. Auslautgesetze durchaus nicht gewiss, dass jenes die urgerm. Flexion war. Ich glaube daher, dass wir nur das constatieren können, dass im Germ. zwei Flexionen, eine mit *ō*- und eine mit *ē*-Vocalismus, wie ich sie oben einander gegenübergestellt habe, neben einander lagen. Dass diese beiden Flexionen schon von Anfang an neben einander hergegangen sind, zu erweisen, wird unsere nächste Aufgabe sein. Denn nur so scheint mir die Lösung des Problems möglich zu sein.

Bekanntlich ist im Got. ein isoliertes Prät. vorhanden, welches die gleiche Flexion wie das schwache Prät. hat, aber den Dental nicht aufweist: got. *iddja*. Die Entstehung der Flexion von *iddja* ist nun bekannt. Es entspricht genau dem ai. *ayām* und hatte in der Grundsprache folgende Flexion:

Sing. 1. **é-i̯ē-m*
2. **é-i̯ē-s*
3. **é-i̯ē-t*

Hieraus mussten sich lautgesetzlich die gotischen Formen *iddja*, *iddjēs*, *iddja* entwickeln. Die Endungen gleichen vollständig den oben erschlossenen Endungen des schwachen Prät. mit *ē*-Vocalismus. Es kann also, wenn das schwache Prät. aus der Endung *-thēs* erwachsen ist, sich dies in seiner Flexion an Vorbilder wie *iddja* angelehnt haben.

Diese Entstehung ist jedoch wegen der Endungen mit ō-Vocalismus, wie wir oben gesehen haben, nicht wohl anzunehmen. Ausserdem fragt es sich noch, ob der Dental des schwachen Prät. aus grundsprachlichem *th* zu erklären ist.

Diese Frage ist für eine grosse Anzahl der schwachen Prät. nicht zu entscheiden. Denn das *d* in got. *nasida, salbōda* kann ebensogut ursprachliches *t* bezw. *th*, wie auch *dh* fortsetzen. Dagegen muss der Dental in got. *waurhta, bauhta* ursprünglich *t* oder *th* gewesen sein, denn nur aus Guttural + *t* oder *th* entstand im Germ. die Lautgruppe *ht*. Aus dem Got. sind überhaupt keine Formen anzuführen, welche mit Sicherheit auf einen andern Dental als *t* hinweisen. Dagegen finden wir solche in den andern Dialecten. So weisen ags. *lifde*, as. *libda*, aisl. *lifda* übereinstimmend darauf hin, dass ihr Dental ursprünglich *dh* war[1]). Es liegt nun sehr nahe, dies *dh* mit dem Wurzeldeterminativ *dh* in Verbindung zu bringen, welches z. B. in got. *walda*, abulg. *vladą*, ai. *yōdhati* erscheint. Gleichwohl ist das unzulässig. Denn das *dh* ist dort, wo es als ursprünglich präsensbildendes Wurzeldeterminativ erscheint, durch die ganze Flexion durchgeführt. Wir müssen also eine andere Erklärung für dies *dh* suchen.

Wie wir gesehen haben, ist es für einen Teil der schwachen Prät. geboten, für einen andern wenigstens gestaltet, den Dental als ursprachliches *dh* anzusetzen. Folglich dürften die Endungen mit ō-Vocalismus wenigstens teilweise ursprünglich folgende Gestalt gehabt haben:

Sing.	1.	*-dhēm*
	2.	*-dhēs*
	3.	*-dhēt*

Machen wir uns jetzt von der Vorstellung frei, dass wir in diesen Endungen, in allen oder auch nur in einer, auch wirkliche Personalendungen, d. h. Lautcomplexe, welche in

1) Das von Möller, P. B. B. 7, 475 ff., entwickelte Syncopierungsgesetz, nach dem auch für diese Formen ein *t* zulässig wäre, ist, wie wir Cap. V sehen werden, auf das schwache Prät. nicht anwendbar.

der Grundsprache nicht mehr selbständig, sondern nur suffixal im Gebrauch waren, vor uns haben, so werden wir in jenen »Endungen« nichts anderes als einen Injunctiv der Wurzel *dhē* sehen können, welcher dem ai. *(á)dhām*, *(á)dhās*, *(á)dhāt* gleichzusetzen ist. Ist diese im wesentlichen bereits von Scherer, Z. Gesch.[2] 323, und Kluge, Beitr. z. Conj. 105, 109, ausgesprochene Auffassung richtig, so haben wir in dem schwachen Prät. der germ. Sprachen eine Zusammenrückung des Verbums (welche Form derselben erscheint, bleibt noch zu untersuchen) mit dem Inj. der Wurzel *dhē* zu sehen.

Jetzt erklären sich auch die Endungen mit ō-Vocalismus. Es lag in der Grundsprache neben der Stammform *dhē* eine solche mit ā-Erweiterung *dh-ā-*, vgl. Brugmann, Grundr. 2, 908 f., 958, welche als Conj. wie in lat. *con-da-m*, wahrscheinlich auch als Ind. in ahd. *tuom*, as. ags. *dōm* fungierte. Ein zu diesem Stamme gebildeter Injunctiv musste lauten:

Sing. 1. **dh-ā-m*
2. **dh-ā-s*
3. **dh-ā-t*

Im Germ. mussten diese Formen zu den oben als Endungen erschlossenen **dōm*, **dōs*, **dōþ* führen. Diese Formen, welche von denen mit ē-Vocalismus in der Bedeutung wahrscheinlich nur unwesentlich verschieden waren, fielen im Germ. in der Bedeutung ganz mit denselben zusammen und wurden beide zunächst promiscue gebraucht, bis sich jeder der Dialecte die Formen aus ihnen auswählte, die ihm am meisten zusagten, die andern aber verlor.

Es ist leicht möglich, dass sich schon im Urgerm. nach dem Wechsel des Vocals der themat. Verba eine Flexion *-ōm*, *-ēz*, *ēđ* herausbildete, aber sicher zu erweisen ist dies nicht, da nur das Nord. eine solche Flexion aufweist und dies eine speciell nord. Neuerung sein kann.

Aber diese Hypothese würde eine bedenkliche Lücke aufweisen, wenn es nicht gelänge, auch die übrigen Endungen so zu erklären, dass sie sich an die Flexion des Sing. anschliessen. Doch auch die Erklärung der übrigen Formen ist von demselben Gesichtspunkt aus möglich.

Über die alemann. Pluralendungen *-tōm*, *-tōt*, *-tōn* sind nur wenige Worte nötig. Der Plural des *ā*-Inj. musste in der Grundsprache lauten:

Plur. 1. **dh-ā-mo*
2. **dh-ā-te*
3. **dh-ā-nt*.

Diese Formen mussten im Germ. führen zu:

**dōma*
**dōdi*
**dōnþ*, daraus **danþ* (Streitberg, Zur german. Sprachgesch. 104 f.). Die urgerman. **dōma*, **dōdi* wurden nun im Ahd. lautgesetzlich zu *-tōm*, *tōt*; das *-tōn* wurde dann an Stelle des lautgesetzlich zu erwartenden **-tan* neu hinzugebildet.

Wir kommen zu den im Westgerm. und Nord. vorliegenden Pluralendungen, welche unter urgerman. *-uma*, *-udi*, *-unþ* zu vereinigen sind. Diese Endungen gleichen genau denjenigen des starken Prät. und werden daher gewöhnlich als von dort übertragen angesehen. Nun ist aber gar nicht abzusehen, wie eine solche Übertragung zu Stande kommen konnte. Denn sonst sind doch in der Flexion des starken und des schwachen Prät. keine Berührungen vorhanden, die eine solche Übertragung veranlassen konnten. Auch der Umstand, dass die alten langvocalischen Endungen des Plurals untergegangen seien, als sie an den durch die Auslautgesetze veränderten Endungen des Sing. ihre Stütze verloren hatten, darf nicht um die Übertragung zu rechtfertigen, angeführt werden, denn auf dem Stein von Tune finden sich schon nebeneinander *dalidun* und *worahto*. Ich glaube daher, dass wir nicht das Recht haben, die Pluralendungen beim schwachen Prät. als übertragen anzusehen, sondern dass diese Endungen hier ebenso alt und ebenso urspünglich sind wie beim starken Prät. Und zwar gehören diese Endungen zu den Formen mit *ē*-Vocalismus, zu **dhēm*.

In der Flexion des Aorists **dhēm* gehen die beiden Sprachen, welche ihn noch in lebendigem Gebrauch erhalten haben, das Ind. und das Griech., auseinander. Während nämlich das Ind. im Plural und Dual gleichmässig *ā* aufweist, wie im Sing., hat das Griech. im Sing. η, im Plur. und Dual dagegen ε. Wie so oft hat das Griech. hier die ältere Stufe bewahrt. Das griech. ε steht hier, wie fast immer bei *dhē*, für grundsprachliches *ə*, dessen lautgesetzliche Fortsetzung im aind. Medium *á-dhi-ta* erscheint, dem griech. ἔ-θε-το zur Seite steht. Es ist danach als Vocal des Plur. und Duals *ə* anzusetzen.

Jetzt liegt aber die Sache genau so wie beim starken Prät. Das german. **-đuma* steht zu dem aind. **á-dhi-ma* (dafür *á-dhā-ma*), gr. *ἔ-θα-μεν (dafür ἔ-θε-μεν) in genau demselben Verhältnis wie got. *sēt-um* zu aind. *pa-pt-i-má*, griech. τε-τράφ-α-μεν. Wie sich hier aind. *-i-ma*, griech. -α-μεν am ungezwungensten unter grundsprachl. *-ə-me* vereinigen, das got. *-um* aber wenigstens nach den bis jetzt sicher gestellten Lautgesetzen nicht so ohne Weiteres damit vereinigt werden kann, so auch bei unserer Endung. Allerdings hat Sievers, P. B. B. 16, 235ff., gezeigt, dass ursprachl. *ə* in einigen Fällen im Germ. durch *u* vertreten zu sein scheint. Es ist möglich, dass hierher auch die Pluralformen sowohl des starken wie auch des schwachen Prät. zu ziehen sind, dass also german. **-đuma*, *-*đuđi*, **-đunþ* den ursprachl. **dhəmo*, **dhəte*, **dhənt* genau entsprechen. Doch ist dies immer nur eine Möglichkeit, da uns die näheren Bedingungen für den Lautwandel *ə* zu *u* bisher noch verborgen sind. Andererseits aber kann man auch Formen wie 1. Plur. **dh-m̥mo*, 3. Plur. **dh-n̥t* als grundsprachlich ansetzen, da, wie wir unten sehen werden, die Injunctivformen in unserer Zusammenrückung unbetont waren. Die 2. Plur. **đuđi* muss dann als Neubildung gefasst werden. Jedenfalls ersehen wir hieraus, dass es durchaus nicht notwendig ist, die Pluralformen des Nord. und Westgerm. als Übertragung aus dem starken Prät. zu fassen. Vielmehr sind sie genau so zu beurteilen, wie die des starken, da sie zu den entsprechenden Formen der verwandten Sprachen in demselben Verhältnis stehen wie diese.

Es bleiben noch übrig die Plural- und Dualformen des Got. Dieselben zeigen vor den eigentlichen Endungen, welche, wie in den übrigen Dialecten, denen der starken Prät. gleichen, einen Zusatz *-ēd-*: *nasidēdun*. Dasselbe *-ēd-* findet sich auch im Plural und Dual von *iddja*: *iddjēdun*. K. F. Johansson, K. Z. 30, 597 ff., der auf der von Collitz aufgestellten Hypothese weiterbaut, will das *-ēd-* aus den Endungen des 2. und 3. Dual. *-ēthām*, *-ētām*, aind. *-āthām*, *-ātām* erklären. Dass das *-ēd-* aus diesen Endungen stammt, fällt mit der Collitz'schen Hypothese. So viel ich sehe, bleiben nur zwei Möglichkeiten der Erklärung, welche aber beide nicht frei von Bedenken sind. Einmal kann man annehmen, dass sich im Got. das *ē* des Sing. auch auf Plural und Dual ausgedehnt habe. Dann musste nach dem Wirken der got. Auslautgesetze in der 2. Plur. und Dual. *-đeđ* entstehen. Hieran müssen dann, wie schon Kögel, Z. f. d. Gymnslw. 34, 407, ausführte, die Endungen *-uþ*, *-uts* getreten sei und von hieraus hat sich dann die Lautgruppe *-dēd-* auch auf die übrigen Personen des Plurals und Duals und den Opt. ausgedehnt. Die Uniformierung wäre dem Got., welches unter allen germ. Sprachen ja immer am meisten ausgleicht, wohl zuzutrauen. Die Schwierigkeit liegt aber darin, dass man den Grund für die Umgestaltung der 2. Plur. und Dual. nicht zu erkennen vermag. Vielleicht ist darum folgendes vorzuziehen.

Unter den schwachen Prät. des Gotischen ist eins, welches ursprünglich nicht *-um*, *-uđ*, *-un* im Plural aufwies, nämlich *iddja*. Das grundsprachl. **ei̯ēm* hatte, da sein *ē* ein altes Präsenssuffix war, es also zur 10. Präsensklasse Brugmann's gehörte, ursrünglich eine nicht abstufende Flexion. Der Plural muss daher im Urgerm. einmal flexiert haben: **ijēma*, **ijēđi*, **ijanđ*. Im Sing. dagegen stimmte es mit den übrigen Prät. überein. Es musste also Ausgleichung eintreten. Und zwar können got. **iddjēm*, **iddjēþ* nach **nasidum*, **nasiduþ* unter Einführung des Dentals zu *iddjēdum*, *iddjēduþ* umgebildet sein. Dass eine solche Umbildung sehr nahe gelegen haben muss, zeigt das Ags., der einzige Dialect ausser dem Got., in welchem unser Prät. noch erhalten ist, mit seinem *éodon*, das mit dem got. *iddjēdun* übereinstimmt. Waren nun die Pluralformen so umgebildet, so konnte auf doppelte Weise Ausgleichung stattfinden: Es konnte einerseits nach dem Plural auch der Sing. eine Neugestaltung erfahren: dies hat im Ags. stattgefunden, wo auch im Sing. die Formen mit Dental *éode*, *éodes*, *éode* vorliegen. Andererseits konnte aber das *-ēd-* zum Pluralzeichen werden und auch in die übrigen Prät. überführt werden: dies fand im Got. statt. Dass das *-ēd-* zum allgemeinen Pluralzeichen werden konnte, wurde noch dadurch unterstützt, dass im starken Prät. Sing. und Plur. verschiedene Stammgestalt zeigten. Dies erklärt es uns auch, warum bei *iddja* nur der Plur., nicht auch der Sing. die Ausgleichung erfuhr. Doch scheint mir Kögel's Erklärung wahrscheinlicher.

Von den Endungen sind noch die des Opt. zu besprechen. Auch diese stimmen zu dem, was wir für die Grundsprache vorauszusetzen haben.

Wir haben nämlich für die Grundsprache neben der in griech. θεῖμεν vorliegenden Stammform *dhə* mit »nebentoniger« Tiefstufe auch eine solche mit »tonloser« Tiefstufe für den Opt. anzusetzen, vergl. Brugmann, Grundr. 2, 1300. Der Opt. hat also einmal flectiert:

Sing. 1.	**dh-i̯ē-m*	Plur.	**dh-ī-mo*
2.	**dh-i̯ē-s*		**dh-ī-te*
3.	**dh-i̯ē-t*		**dh-i̯-ent*

Im Germ. wurde nun hier, wie fast überall, der Ablaut *i̯ē*: *ī* zu Gunsten des *ī* aufgegeben, und es entstanden die Formen:

Sing. 1.	**đ-ī-m*	Plur.	**đ-ī-ma*
2.	**đ-ī-s*		**đ-ī-đi*
3.	**đ-ī-þ*		**đ-ī-nþ*.

Dies sind die Vorfahren der in den einzelnen Dialecten vorliegenden Formen und stimmen genau mit den für das starke Prät. vorauszusetzenden überein.

Schwierigkeit macht das *-ī* der 1. und 3. Sing. der alemann. Mundart. Über dies weiss ich nichts befriedigendes zu sagen.

Es ist jedenfalls eine alemann. Neubildung, welche vielleicht durch den langen Vocal des Plurals Indic. veranlasst wurde[1]).

Diese Ausführungen haben, wie ich glaube, gezeigt, dass von Seiten der Endungen nichts im Wege steht, in dem schwachen Prät. der germ. Sprachen eine Zusammensetzung mit dem Injunctiv von *dhē* zu erblicken. Vielmehr erklären sich die meisten Formen, mit Ausnahme des *-ēd-* des Got. und des *-ī* des Alemann., welches sicher einzeldialectische Neubildungen sind, am ungezwungensten bei dieser Annahme. Es scheint demnach die alte Ansicht Jac. Grimm's bei weitem nicht so unhaltbar zu sein, wie man in den letzten Jahren glaubte.

II.

Wir kommen jetzt zu der Frage nach der Stammbildung des schwachen Präteritums. Oben haben wir gesehen, dass in einigen Fällen der Dental altes *t* oder *th* war: dies sind aber — mit einer noch ausführlicher zu besprechenden Ausnahme — sämmtlich primäre Verba. Andererseits sind aber auch die Verba, bei denen sich *dh* als Dental nachweisen lässt, primäre Verba. Dagegen sind diejenigen Verba, bei denen sich die ursprüngliche Gestalt des Dentals nicht sicher erkennen lässt, zum grossen Teil denom. Ursprungs. Wenn nun irgendwo einmal ein Tempus durch Zusammensetzung gebildet wurde, kann dies nur bei den Denom. geschehen sein. Denn nur hier konnte ein Bedürfnis dafür vorliegen, da nur diese Verba in der Grundsprache keine ausserpräsentischen Tempora bildeten. Hier wird also der Ausgangspunkt für das schwache Prät. zu suchen sein; nur Denom. dürfen herangezogen werden, um seine Entstehung festzustellen.

Als Beispiele können wir im grossen Ganzen die got. Formen verwenden, da die der übrigen Dialecte diesen in der Stammbildung, von geringen Ausnahmen abgesehen, genau entsprechen. Im Got. bilden nun die Denominativa

1) Scherer's Ansicht, Z. Gesch.² 323, kann ich mich nicht anschliessen.

1. von *ā*-Stämmen das Prät. auf *-ō-da*, urgerman. *-ō-đēm*, vgl. *sunjōn*: *sunjō-da* zu *sunja*;

2. von *o*-Stämmen das Prät. auf *-i-da*, urgerman. *-i-đēm*, vgl. *haurnjan*: *haurni-da* zu *haurn*;

3. von *i*-Stämmen das Prät. auf *-i-da*, urgerman. *-i-đēm*, vgl. *dailjan*: *daili-da* zu *dails*;

4. von consonant. Stämmen das Prät. auf *-i-da*, urgerman. *-i-dēm*, vgl. *namnjan*: *namni-da* zu *namō*.

Auffällig ist aus dem Got. nur *kaupasta*, welches neben sich das Präs. *kaupatjan* und das Part. *kaupatiþs* hat. Es ist dies um so auffälliger, da es das einzige got. Verb ist, dessen Prät. und Part. nicht die gleiche Stammgestalt zeigen. Hierüber wird noch weiter zu sprechen sein.

Bei Seite gelassen habe ich hier die teilweise auch denom. *ē*-Verba, welche, wie Sievers, P. B. B. 8, 90 ff., nachgewiesen hat, ursprünglich ein Prät. ohne Mittelvocal bildeten. Denn gerade die Hauptvertreter dieser Klasse, wie *haban*, *liban*, sind primäre Verba und können also bei unserer Untersuchung, wo wir von den Denom. ausgehen, erst in zweiter Linie in Betracht kommen. Bei unserer Frage: was ist das erste Glied der Zusammensetzung? haben sie keine entscheidende Stimme.

Amelung, Z. f. d. A. 21, 229 ff., und Kluge, Beitr. z. Conjug. 110 ff., sind beide der Ansicht, dass in dem ersten Gliede unserer Prät. alte Accusative enthalten seien. Amelung's unhaltbare Erklärung hat Kluge a. a. O. widerlegt. Seine eigene Ansicht ist folgende: Das zweite Glied des Prät. ist der augmentierte Aorist **édōm*. Dieser verband sich nach Durchführung der Auslautgesetze mit dem vorhergehenden Acc. zu einer Worteinheit, z. B. got. *lausida* aus **laus eda* aus **lausam édōm*. Die Formen wie *sunjōda*, *habaida* erklärt er für Analogiebildungen.

Dass das schwache Prät. so entstanden sei, ist unmöglich. Das schwache Prät. muss in seiner ganzen Bildung spätestens urgerm. sein: im Urgerm. hatten aber die Auslautgesetze, welche die Kluge'sche Erklärung voraussetzt, noch nicht gewirkt. Hierbei wäre z. B. das Nebeneinander von *horna* und *tawidō* auf dem goldenen Horn von Gallehus, von *staina* und *dalidun* auf dem Tunestein ganz unerklärlich. Só kann also die Entstehung unserer Formen nicht vor sich gegangen sein. Es ist aber sehr schwierig, aus den germ. Formen das erste Glied zu erkennen. Es kann nämlich *sunjō-* der reine Stamm des zu grunde liegenden Nomens, der Nominativ und der Instrumental sein, *haurni-* und *daili-* können nur als Stamm angesehen werden, während die Prät. der von consonant. Stämmen abgeleiteten Denom. kaum etwas anderes als Neubildungen nach denen der *o-* und *i*-Stämme sein dürften.

Wir können demnach auf Grund der germ. Formen nur zu dem Resultat kommen, dass das erste Glied des Prät. der Stamm des Nomens ist. Das ist aber unmöglich. Denn zu der Zeit, wo Tempora durch Zusammenrückung mit einer fertigen Verbalform geschaffen werden konnten, existierten die reinen Stämme in der Sprache nicht mehr. Es muss also, wenn wir überhaupt auf dem rechten Wege sind, eine Ausgleichung stattgefunden haben. Ist uns das Ursprüngliche irgendwo erhalten und wo ist es erhalten?

Diese Frage aus dem Germ. allein zu entscheiden, dürfte unmöglich sein. Das Eine nur steht fest: der erste Teil des schwachen Prät. muss ursprünglich ein selbständiger Casus gewesen sein, der zu dem Inj. des zweiten Gliedes in einem syntactischen Verhältnis stand. Um hier Klarheit zu bekommen, müssen wir umschauen, ob wir nicht aus den verwandten Sprachen solche Bildungen heranziehen können, welche dem schwachen Prät. des Germ. vergleichbar sind. Auch ist es nur so möglich zu entscheiden, ob dies Prät. eine Neubildung des Germ. ist oder nicht.

Wie wir oben gesehen haben, setzen die got. Endungen als grundsprachliche Formen **dhēm*, **dhēs*, **dhēt* voraus. Diesen Endungen entsprechen aber genau die des sog. schwachen Passivaorists des Griech. -θην, -θης, -θη. Sollte sich nicht eine nähere Verwandtschaft der beiden Bildungen, welche man auch schon früher annahm, ergeben? Die gewöhnliche Auffassung des θην-Aorists ist allerdings anders: man sieht diese Form allgemein für eine griech. Neubildung an. Da ist aber doch die

Frage aufzuwerfen: warum bildeten die Griechen einen Passivaorist, da sie es doch ertrugen, dass im Präs. und Perf. dieselben Formen in medialem und passivem Sinne gebraucht wurden? War dagegen in der Sprache eine vollausgebildete Formengattung vorhanden, welche im Laufe der Entwicklung mit einer andern in der Bedeutung zusammentraf, so musste eine von beiden untergehen oder eine andere Bedeutung annehmen. Letzteres scheint mir beim θην-Aorist der Fall gewesen zu sein. Doch kann ich über diesen Bedeutungswandel erst unten (Cap. VII) sprechen. Hier handelt es sich zunächst um die Formbildung. Und auch diese ist aus der Wackernagel'schen Hypothese nicht vollständig zu erklären.

Wackernagel, K. Z. 30, 302 ff., geht bekanntlich von der Medialendung *-thēs* aus, welche in der Grundsprache wohl nur bei athem. Formen am Platze war. Hiernach sind Formen, wie ἐ-δό-θης = aind. *á-di-thās*, ἐ-τέ-θης = aind. *á-dhi-thās*, ἐ-κτά-θης = aind. *á-kṣa-thās*, ἐ-βλή-θης zu ἔ-βλη-το, ἐμείχθης aus *ἐ-μειχ-σ-θης zu ἔμειχτο aus *ἐ-μειχ-σ-το leicht zu verstehen. Auch Formen von *ā*- und *e*-Denom. wie ἐ-τιμά-θης, ἐ-φιλή-θης und von consonant. Stämmen wie ἐ-τελέσ-θης, ἠλπίσ-θης würden sich danach leicht erklären lassen. Dagegen sind Formen wie ἐ-δηρίν-θην zu δηρίω, ἀχλύν-θην zu ἀχλύω von einem solchen Ursprung aus nicht zu begreifen. Wackernagel will allerdings, wie z. B. in dem homer. ἀμπνύνθη, neben dem Hesychs Glosse ἐμπνύθη· ἐν αὐτῷ ἐγίνετο steht, das ν streichen. Ich glaube aber nicht, dass dies gestattet ist, denn die Formen finden sich zu häufig und meistens ohne Variante. Auch ist kein Grund zu finden, weshalb das ν in den Text gekommen ist. Ich hoffe unten zeigen zu können, dass sich gerade aus solchen Formen die Bildung vieler Denom. am ungezwungensten erklären lässt. Die Verba aber, die nicht zu der Wackernagel'schen Hypothese stimmen wollen, sind meistens Denom. Bei den Denom. muss also ein neuer Erklärungsversuch ansetzen.

Die einzelnen Bildungen werden wir unten zu betrachten haben, hier handelt es sich zunächst um die Endungen. Und diese auf dieselben Formen der Grundsprache zurückzuführen, wie die Endungen des schwachen Prät. der germ. Sprachen, hindert nichts. Ein Punkt könnte allerdings dagegen angeführt werden: das durchgehende η im θην-Aorist. Denn wir sollten hier eigentlich im Plural und Dual ε aus ə erwarten. Doch ist diese Durchführung des η durch die ganze Flexion leicht zu erklären. Im Griech. fiel nämlich der Sing. des θην-Aorists mit dem Sing. von Formen wie ἐφάνην zusammen, welche auch im Plural und Dual η aufwiesen. Ein Zusammenhang des θην-Aorists mit *ἔθην kann im Griech. nicht mehr gefühlt worden sein, schon aus dem Grunde, dass neben *ἔθην das Präs. τίθημι lag, ein dem τίθημι entsprechendes Präs. *τιμᾱθημι aber nicht vorhanden war. Daher schloss sich der θην-Aorist an die Prät. auf -ην, neben denen ebenfalls kein Präs. auf -ημι existierte, an und führte nach Analogie derselben das η auch im Plural und Dual durch.

Wie wir sehen, steht nichts im Wege, die Endungen des germ. schwachen Prät. und des griech. schwachen Passivaorists auf dieselbe idg. Grundform, den Inj. *$dh\bar{e}m$* zurückzuführen. Neben den auf *$dh\bar{e}m$* zurückführenden Endungen haben wir im Germ., besonders im Ahd., eine zweite Reihe, welche $\bar{o}$-Vocalismus aufweist. Diese führten wir oben auf einen $\bar{a}$-Inj. von *$dh\bar{e}$* zurück. Man könnte nun auf die Vermutung kommen, da wir oben den griech. θην-Aorist heranziehen konnten, dass in elisch. ἀνατεθᾷ, δοθᾷ Formen vorlägen, welche auf *$dh\bar{a}m$* zurückführen. Das ist jedoch nicht zu erweisen, da im elischen Dialect gemeingr. η in $\bar{a}$ übergeht. Auch ist es wenig wahrscheinlich, dass wir hier $\bar{a}$-Formen finden sollten, während im übrigen Griech. nur $\bar{e}$-Formen vorkommen.

Eine Flexion, welche, wie die germ. Formen, auf einen $\bar{a}$-Inj. hinweist, finden wir in dem lat. Imperfectum auf *-bam*. Dies mit dem germ. schwachen Prät. direct gleichzusetzen, verbieten die Lautgesetze. Heute wird auch die Gleichsetzung der beiden Formen nicht mehr aufrecht erhalten, man stellt vielmehr das lat. *-bam* zu der Wurzel *bheu̯*. Soll man aber deshalb die beiden Bildungen von einander gänzlich trennen, wenn sie sich in morphologischer Hinsicht als gleich erweisen?

Ich glaube nicht, dass uns die Verschiedenheit der zur Verwendung kommenden Hülfsverba allein dazu berechtigt. Dazu kommt, dass das Imperf. *-bam* ursprünglich wohl nur bei den abgeleiteten Verben berechtigt war. Hierfür spricht nämlich das etymologisch mit ihm zusammenhängende *b*-Futurum, welches im Lat. ebenso wie im Ir. nur bei den Denom. und solchen Verben, welche sich eng an die Denom. angeschlossen haben, vorkommt. Den Beweis, dass wir wirklich gleichartige Bildungen im lat. Imperf. und im germ. schwachen Prät. vor uns haben, kann uns erst die Untersuchung über die Stammbildung bringen.

Nicht zu trennen von dem lat. Imperf. sind die *f*-Tempora der umbr.-samn. Dialecte. Erhalten ist uns hier vom Imperf. die 3. Plur. *-fans*, welche mit Ausnahme der Personalendung auf dieselbe Grundform zurückgeht wie das lat. *-bant*; ferner vom Perf. die 3. Sing. *-fed*, die 3. Plur. *-fens* und *-fum*, welches 1. Sing. oder 1. Plur. sein kann; diese Formen weisen auf ein ursprachliches **bhuom* hin, eine themavoc. Injunctivform von *bheu*, vgl. Brugmann, Grundr. 2, 1243. Eine *ē*-Erweiterung derselben Wurzel liegt in dem dazu gehörigen Conj. umbr. *-feir*, osk. -fír vor. Auch diese Bildung gehört den denom. Verben an.

Ich muss hierzu noch bemerken, dass ich in der jetzt folgenden Untersuchung über die Stammbildung auf die Verschiedenheit im Hülfsverb keine Rücksicht nehme. Diese wird erst später zur Sprache kommen. Ich setze alle in Betracht kommenden grundsprachlichen Formen mit *dhē* an.

III.

Eine vollkommen gleiche Präteritalbildung finden wir in den drei Sprachen bei den auf *-ā* auslautenden Stämmen. Hierin sind schon früh die Denom. von femininen *ā*-Stämmen und die primären Verba mit *ā*-Erweiterung zusammengeflossen, Dies war dadurch möglich gewesen, dass die primären *ā*-Verba neben der athemat. eine *i̯o*-Flexion besassen, welche mit der

der *ā*-Denom. vollständig übereinstimmte. Daher traten die *ā*-Denom. in die Flexion der primären *ā*-Verba über und nahmen neben der *i̯o*-Flexion eine athemat. an. Demnach könnte man hier die Medialendung *-thēs* für die Entstehung des θην-Aorists und des schwachen Prät. verantwortlich machen. Doch ist dies für das lat. Imperf. nicht möglich. Zwar beweist die morphologische Gleichheit der drei Bildungen in unserm Falle nicht viel, wir werden aber unten sehen, dass sie sich auch bei den übrigen Denom. findet, und dort kann sie nicht, wie hier vielleicht, auf einem Zufall beruhen.

Die Bildung der Präteritalformen in den drei Sprachen ist folgende: die Endungen treten an den auf *-ā* auslautenden Stamm gr. ἑωρᾱ́-θην, ἐ-τιμᾱ́-θην, lat. *forā-bam*, *plantā-bam*, got. *salbō-da*, *karō-da*, ahd. *salbō-ta*, *borō-ta*, ags. *sealfo-de*, *cearo-de*. Für die Grundsprache sind diese Bildungen unter **u̯orā-dhēm* (gr. ἑ-ωρᾱ́-θην, ahd. *biwarō-ta*), **bhr̥rā-dhēm* (lat. *forā-bam*, ahd. *borō-ta*) zu vereinigen. Was sind nun diese auf *-ā* auslautenden Stämme für Formen? Einmal könnte man in **u̯orā-*, **bhr̥rā-* die unerweiterten Nominalstämme sehen wollen: diese Auffassung ist jedoch sogleich zurückzuweisen, da sonst nirgends in den idg. Sprachen ein Nominalstamm mit einer Verbalform in Composition erscheint. Dann können wir in **u̯orā*, **bhr̥rā* auch die Nominativformen vor uns haben; doch auch diese Ansicht hätte wenig für sich, da dann kaum zu verstehen wäre, wie eine solche Ausdrucksweise aufkommen konnte. Endlich ist es noch möglich, dass wir in jenen Formen Instrumentale vor uns haben, wie man für das lat. Imperf. längst annimmt. Und diese Annahme scheint mir die wahrscheinlichste zu sein. Denn, wie wir unten sehen werden, weisen auch bei den übrigen Denom. die Stammformen auf alte Instrumentale hin und ferner werden die Ausdrucksweisen **u̯orā dhēm*, **bhr̥rā dhēm*, wenn die Nominalformen als Instr. gefasst werden, leicht ihre syntactische Erklärung finden.

Während wir bei den *ā*-Denom. ohne weiteres die Präteritalbildungen der drei Sprachen vergleichen konnten, ist dies bei den Denom. von *o*-Stämmen nicht möglich. Wir müssen hier das Germ. bei Seite lassen, da hier ganz andere Bildungen vorzuliegen scheinen als im Griech. und Lat. Später werden wir allerdings sehen, dass auch hier das Germ. zu den beiden Schwestersprachen stimmt.

Bei den *e*-Denom. treten im Prät. die Endungen an den auf -*ē* auslautenden Stamm gr. ἐ-φιλή-θην, lat. *claudē-bam*. Auch hier ist also im Griech. und Lat., wie bei den *ā*-Denom., die Bildungsweise dieselbe, und hier kann sie sicher nicht, wie dort vielleicht, auf einem Zufall beruhen: dagegen spricht das Griech. Für das Lat. könnte man allerdings daran denken, dass das *ē* unserer Form ursprünglich nicht zukam. Denn hier waren die *e*-Denom. mit den primären Verben mit *ē*-Erweiterung zusammengeflossen, und so könnte *claudē-bam* sein *ē* von Formen wie *habē-bam* bezogen haben. Andererseits kann aber auch *claudē-bam* aus **claudeįe-bam* entstanden sein, da *eįe* schon im Urital. zu *ē* geworden war. Beide Formen, *habē-bam* und **claudeįe-bam*, würden sich jedoch nur sehr schwer erklären lassen. Dagegen findet *claudē-bam* leicht seine Erklärung, wenn man *claudē-* als Instr. fasst.

Für die griech. Formen muss schon als urgriech. ἐ-φιλή-θης angenommen werden. Dies kann aber nicht aus älterem *ἐ-φιλεįε-θης entstanden sein, da man dann z. B. im Attischen *ἐφιλειθης erwarten müsste. Dann könnte man ἐ-φιλή-θης als Neubildung nach den entsprechenden Formen der primären *ē*-Verba fassen wollen. Aber auch dies ist nicht möglich, da dann schon im Urgriech. die beiden Klassen hätten zusammengefallen sein müssen. Das kann jedoch nicht der Fall gewesen sein, da einerseits *eįe* nicht in η contrahiert wurde, andererseits die Verkürzung von Vocal vor Vocal nicht lautgesetzlich war. Dass beide Klassen zusammenfielen, war nur dann möglich, wenn ausserpräsentische Eormen übereinstimmten. Es muss also in einer ausserpräsentischen Form schon von der Ursprache her *ē* bestanden haben. Dies scheint der Fall gewesen zu sein im *to*-Particip, wenn es auch noch immer unerklärt ist, woher hier die langen Vocale *ē ō ī* stammen. Wäre Bartholomae's Theorie (Stud. z. idg. Sprachgesch. 2, 61 ff.), dass die

Präsenssuffixe *ā ē ō* auf älteres *āį ēį ōį* zurückgingen und mit *ī*, das im *to*-Part. seine Stelle hätte, im Ablaut ständen, wäre diese Theorie besser bewiesen, so wäre es sicher, dass durch das *to*-Part. der Zusammenfall der beiden Klassen nicht veranlasst sein könnte. Dann bliebe, um den Zusammenfall zu rechtfertigen, nur der θην-Aorist übrig, da allein dessen Existenz in vorgriech. Zeit glaubhaft zu machen ist. Da aber jene Theorie nicht sicher ist, muss man noch mit der Möglichkeit rechnen, dass der Zusammenfall vom *to*-Part. ausgegangen und dass der θην-Aorist bei den *e*-Denom. von den primären *ē*-Verben her übertragen ist. Doch wird man erst dann diese Neubildung sicher behaupten dürfen, wenn wir genau wissen, woher die langen Vocale in gr. φιλη-τός, slav. *cělě-ti*, gr. μισθω-τός, lat. *aegrō-tus*, lit. *ragů-tas*, slav. *roga-tŭ* stammen.

Wollen wir nun für die Erklärung des Zusammenfalls von *e*-Denom. und primären *ē*-Verben eine gerade in dem Hauptpunkt unaufgeklärte Bildung nicht heranziehen, so müssen wir ἐ-φιλή-θην als alte Bildung ansehen. Es tritt dann mit lat. *claudō-bam* auf eine Stufe. Die Stammformen φιλη-, *claudō-* können dann nur als Instr. aufgefasst werden.

Wir kommen zu den Denom. von *i*- und *u*-Stämmen. Auch hier finden wir im Griech. und Lat. eine Bildung, deren erstes Glied man als Instr. des Stammnomens auffassen muss. Allerdings sind die Beispiele nur wenig zahlreich. Aus dem Griech. kenne ich für die *i*-Denom. kein Beispiel, für die *u*-Denom. nur drei: das mehrmals bei Homer vorkommende ἐρήτῡθεν, das bei den Attikern belegte ἱδρῡ́θην, neben dem bei Homer das später zu besprechende ἱδρύνθην steht, und das bei Aischylos belegte ἐγηρύθην, bei welchem die Quantität des υ nach dem Versmass nicht zu bestimmen ist; doch wird es nach γηρῡ́σομαι, ἐγήρῡσα sicher als lang anzusetzen sein. Aus dem Lat. sind uns zahlreiche Imperf. auf *-ī-bam* aus der archaischen Periode überliefert, wie *mollī-bam*, *fīnī-bam*. Auch hier müssen wir wieder, wenigstens für die lat. Formen, in dem ersten Glied derselben alte Instr. erblicken. Für das Griech. ist das Material zu gering, als dass wir eine sichere Entscheidung treffen könnten.

Doch steht nichts im Wege, auch in den griech. Formen Instr. zu sehen.

Wir finden also, dass bei den Denom. von *ā*-, *ō*-, *ī*-, *ū*-Stämmen das Prät. im Griech. und Lat. auf eine periphrastische Bildung zurückführbar ist. Hierzu wurde der Instr. des Stammnomens in Verbindung mit dem Injunctiv eines Hülfsverbs, und zwar von *dhē* oder *bheu̯*, verwandt. Allerdings ist dieser Satz bis jetzt noch nicht bewiesen; den Beweis hierfür will ich jetzt zu bringen versuchen.

Um das wirkliche Vorhandensein einer periphrastischen Bildung, als deren erstes Glied ein Instr. verwandt wurde, zu erweisen, müssen wir zunächst feststellen, welche Formen des Instr. wir für die Grundsprache anzusetzen haben.

Hirt, J. F. 1, 13 ff. sucht nachzuweisen, dass das Instrumentalsuffix -*m* gewesen sei, welches bei den *ā*- und *o*-Stämmen an den gedehnten Stammauslaut trat, bei den *i*- und -*u* und den consonant. Stämmen dagegen als -*m̥* oder -*m̥̄* sonantische Function übernahm. Dass -*m* bei der Bildung des Instr. eine gewisse Rolle gespielt hat, ist jedenfalls nicht zu bestreiten; dass es aber das eigentliche Instrumentalsuffix war, scheint nicht richtig zu sein. Denn die umbr. Formen verbieten, als Instrumentalsuffix bei den consonant. Stämmen -*m̥* oder -*m̥̄* anzusetzen. Denn da im Umbr. der Loc. noch ein lebendiger Casus war, so kann der Ablat. *pure* nicht, wie Hirt für lat. *pede* annimmt, die Form des Loc. sein. Das umbr. -*e* kann aber nicht auf -*m̥̆* zurückgehen. Es ist aber bis jetzt noch nicht gelungen, mit Sicherheit den ursprachlichen Vorfahren des umbr. -*e* und damit die ursprüngliche Gestalt des Instrumentalsuffixes bei den consonant. Stämmen ausfindig zu machen. Denn wie die umbr. Voc. *Prestota, S̀erfia, Jouia, Tursa* beweisen, ist auslautendes -*a* im Umbr. unverändert geblieben, vgl. v. Planta, Gramm. d. osk.-umbr. Dial. 1, 563, Buck, Vocal. d. osk. Spr. 39 f. Es kann daher das umbr. -*e* nicht auf ursprachliches -*a* zurückgehen. Auf ein Instrumentalsuffix -*a* weisen aber griech. Formen wie πεδά hin. Auf die Frage nach dem Instrumentalsuffix weiss ich unter diesen Umständen keine Antwort zu geben.

Grössere Sicherheit herrscht glücklicherweise über die Form des ursprachlichen Instr. Für die *ā*-Stämme haben wir anzusetzen Instr. auf -*ā* und auf -*ām*. Ob diese Formen schleifenden oder gestossenen Ton hatten, ob -*ā* die Sandhiform zu -*ām* war oder -*ām* durch Antritt einer Partikel -*m* an -*ā* gebildet war, kommt in unserm Fall nicht in Betracht. Auch das ist für uns unwesentlich, ob, wie Hirt, J. F. 1, 229 f., annimmt, nur neben -*ōm* im Instr. der *o*-Stämme auch -*ō* ursprünglich berechtigt war, während -*ē* neben -*ēm* erst durch Neuschöpfung ins Leben getreten war. Für uns, sage ich, ist es gleichgültig, wie diese Formen entstanden sind: es genügt uns hier festzustellen, dass die *ā*- und *o*-Stämme in der Grundsprache Instr. auf -*ā* und -*ām*, -*ō* und -*ōm*, -*ē* und -*ēm* besassen: **eku̯ā*, **eku̯ām*; **u̯l̥qō*, **u̯l̥qōm*; **jugō*, **jugēm*. Dass -*ō* und -*ōm*, -*ē* und -*ēm* ursprünglich nicht bei denselben Stämmen in Gebrauch waren, ist sicher; doch wird man kaum fehl gehen bei der Annahme, dass dieselben gegen Ende der idg. Spracheinheit schon beliebig wechselten, so dass von den Einzelsprachen die eine diese, die andere jene zur Alleinherschaft erheben konnte. Für die *i*- und *u*-Stämme sind als Instrumentalausgänge -*ī* und -*ū* anzusetzen, nach Osthoff, M. U. 2, 139 f., Perf. 573, proportionale Neubildungen nach den Formen auf -*ō*, -*ē*, -*ā*. Diese sind erhalten ved. *matī*, *ácittī*, av. *aži*, *bažu* und wahrscheinlich auch in griech. βάσῑ, πόλῑ, lat. *turrī*, *manū*. Nun steht zu erwarten, dass wir neben diesen Formen auf -*ī* und -*ū* auch solche auf -*īm* und -*ūm* finden, welche dann als Neubildungen zu den Formen auf -*ōm*, -*ēm*, -*ām* zu fassen sind. Von solchen Instr. ist uns vielleicht ein Beispiel erhalten in dem ind. Adverb *tūṣṇīm*, welches Whitney, Ind. Gramm. 386, für einen Acc. halten möchte. Der Form nach ist dies möglich, aber die Bedeutung wird mit dieser Auffassung kaum zu vereinigen sein. Das Wort wird besonders in Verbindung mit *bhū* gebraucht und hat das Ganze dann die Bedeutung »schweigen«. In Verbindung mit *bhū* aber kann man es schwerlich als einen Acc. ansehen, da dann sein syntaktischer Gebrauch nicht zu verstehen wäre. Dagegen ist als Instr. das Wort in dieser

Verbindung leicht verständlich[1]). Das aind. *tūṣṇīm* entspricht in seiner Bedeutung genau dem homer. ἀκήν, das in der häufigen Verbindung ἀκὴν ἐγένοντο σιωπῇ und besonders in ἀκὴν ἴσαν Δ 429 wohl kaum anders denn als Instr. aufgefasst werden kann. Leider sind beide Worte in etymologischer Beziehung dunkel. Die von Hirt auf Grund von aind. Formen wie *prati-bhidy-a, anu-śruty-a, ā-gaty-ā* und griech. ὦκα, τάχα aus *ὠκϝα, *ταχϝα erschlossenen Instrumentalformen auf *-i̯m̥* und *-u̯m̥* werden für uns kaum in Betracht kommen, denn sie scheinen schon früh aufgegeben zu sein, da sie nur in adverbialen Redensarten vorliegen. Eine Ausnahme könnten vielleicht die im Ind. vertretenen Ausgänge *-yā -iyā, -vā -uvā* machen, welche besonders im Veda in lebendigem Gebrauch waren, wenn diese nicht zu sehr dem Verdacht der Neubildung unterlägen, vgl. Brugmann, Grundr. 2, 632.

Als wirklich lebendige Instrumentalendungen können demnach angesehen werden:

für die *ā*-Stämme: *-ā -ām*;
für die *o*-Stämme: *-ō -ōm, -ē -ēm*;
für die *i*- und *u*-Stämme: *-ī -īm*; *-ū -ūm*.

Bis jetzt haben wir bei der Präteritalbildung der denom. Verba nur die Instrumentalformen auf *-ā -ē -ī -ū* gefunden. Sollten sich nicht auch, wenigstens teilweise, die übrigen Formen in dieser Bildung erhalten haben? Ich glaube, dass sich bei dieser Annahme manche auffällige Eigentümlichkeiten in der Denominativbildung und -flexion im Griech. leicht erklären werden. Ich bespreche solche Formen bei den *i*- und *u*-Denom., da hier die Verhältnisse am klarsten zu Tage liegen.

In δηρίομαι, dem Denom. von δῆρις, finden wir bei Homer Π 756 den Aorist δηρινθήτην. Wackernagel will hierfür *δηρῑθήτην lesen. Ich glaube aber nicht, dass dies erlaubt ist. Denn wie sollte eine Schreibung δηρινθήτην dann zu erklären sein? Die Form wird klar, wenn wir sie aus einem urgriech. *δηρῑνθην

1) Das aind. *tūṣṇīm* hat schon Zieler, Beitr. z. Gesch. d. lat. Abl. S. 41, Fussnote, als Instr. erkannt.

aus *δηρῖμ θην herleiten, wobei das ῑ vor Nasal + Verschlusslaut verkürzt werden musste. *δηρῖμ ist aber nichts anderes als ein dem aind. *tūṣṇīm* entsprechender Instr. von δῆρις.

Ähnlich liegen die Verhältnisse bei dem homer. ἀρτύω, dessen Aorist ἀρτύνθην lautet. Auch hierfür ist die ungezwungenste Auffassung die, dass wir von einem ehemals vorhandenen Instr. *ἀρτῦν aus *ἀρτῦμ ausgehen. Doch steht hier die Sache in sofern anders, als wir neben dem Präs. ἀρτύω auch ein Präs. ἀρτῦ́νω in gleicher Bedeutung finden; und zu diesem könnte ἀρτύνθην gehören. Doch werden wir mit ἀρτῦ́νω uns unten noch weiter zu beschäftigen haben.

Ferner könnte man für diese Bildung noch anführen ἀχλύω mit seinem Aorist ἀχλύνθην. Das Präs. kommt allerdings schon bei Homer vor, der Aorist jedoch erst bei Quintus Smyrnaeus. Da ist es jedenfalls sicherer, hierin eine Neubildung nach Formen wie δηρίνθην ἀρτύνθην zu sehen, wenn es auch keineswegs ausgeschlossen ist, dass Quintus Smyrnaeus die Form im alten Epos vorfand und uns in ihr der alte Instr. *ἀχλῦμ aufbewahrt ist.

Endlich wird noch hierher zu ziehen sein der homer. Aorist ἱδρύνθην zu dem Präs. ἱδρύω, dem bei Herodot und den Attikern ἱδρῦθην gegenübersteht. Bei diesem sind im Griech. die beiden Instrumentalformen *ἱδρῦ und *ἱδρῦμ erhalten.

Nach diesen Musterformen wird das homer. ἀμπνύνθη entstanden sein, und es wird nicht das ν einfach zu streichen sein, wenn auch daneben bei Hesych ἐμπνύθη überliefert ist.

Jetzt können wir auch die Entstehung einiger Denom. feststellen, welche bisher noch nicht befriedigend erkärt sind. Es findet sich nämlich sehr häufig neben einem Nomen auf -υ ein denom. Verbum auf -ῡνω. Brugmann, Grundr. 2, 982, sucht die Entstehung dieser Formen durch das Nebeneinander von βῦ́νω δῦ́νω θῦ́νω und βύω δύω θύω zu erklären. Diese Auffassung scheint mir nicht haltbar zu sein und zwar aus mehreren Gründen. Denn einmal ist von jenen drei Verben δῦ́νω: δύω wohl das einzige, welches in irgendwie häufigerem Gebrauch in der Sprache war. Und da wäre es schon sehr auffällig, dass sich eine grössere Anzahl von Denom. nach einigen wenigen und noch dazu selten gebrauchten Verben gerichtet hätte. Doch ist dieser Umstand allein nicht hinreichend, um die Brugmann'sche Annahme abzulehnen. Denn wir finden auch sonst, dass von einer oder einigen wenigen Musterformen eine grosse Anzahl von Analogiebildungen ausgegangen ist. Mich bestimmt zur Ablehnung jener Ansicht ein anderer Umstand.

Die Denom. auf -ῦνω flectieren genau so wie die von *n*-Stämmen abgebildeten Denom. auf -αινω. Man sollte nun erwarten, dass βύνω, δύνω, θύνω, wenn sie den Anstoss zur Bildung der -ῦνω- Denom. gaben, auch so flectierten. Das ist jedoch nicht der Fall. Denn diese Verben haben keine zu den ν-Präs. gehörigen ausserpräsentischen Formen. Man müsste also annehmen, dass die Analogie der drei Verba nur auf die Präsensformen der *u*-Denom. gewirkt habe und dass dann Analogiebildung nach den Verben auf -αινω eingetreten sei. Diese verschiedenartige Analogiebildung, ohne welche man nicht auskommen kann, macht mir Brugmann's Annahme unglaublich. Ich glaube, dass wir zur Erklärung dieser Verba vom Passivaorist auszugehen haben.

Wie wir oben gesehen haben, findet sich in einigen Fällen neben einem Präs. auf -υω ein Passivaorist auf -υν-θην. Wir leiteten seine Entstehung aus den Nebenformen des Instr. auf -*ūm* her. Nun war nichts natürlicher, dass zu einem solchen Aorist auf -υνθην ein Präs. auf -υνι̯ω nach Analogie der unten zu besprechenden Denom. auf -ανι̯ω gebildet wurde. Solche Verba sind: ἀρτύνω (Hom.) neben ἀρτύω nach ἀρτύνθην (Hom.); βαρύνω (Hom.) nach ἐβαρύνθην; εὐρύνω (Hom.; der Aorist ist erst bei Dionysios Periegetes belegt); θαρσύνω (Hom.), θρασύνω nach θρασυνθῆναι, doch kann dies auch Denom. von θάρσυνος, θράσυνος sein; ἰθύνω (Hom.) nach ἰθύνθην (über das Verhältnis von ἰθύνω zu dem hom. ἰθύντατα wird noch zu sprechen sein); ἀμβλύνω (Trag.) (ἀμβλυνθείς erst aus dem 6. Jahrh. p. C. belegt); βραδύνω (Trag.); δασύνω nach ἐδασύνθην (Aristoph. Hipp.); εὐθύνω nach εὐθύνθη (Thuk.) (über das Verhältnis von εὐθύνω zu εὔθυνα wird unten zu sprechen sein); ἡδύνω; ὀξύνω (Her.) nach ὀξυνθείς; παχύνω (Her.) nach παχυνθείς (Aisch.).

Von den eben angeführten Verben können allerdings drei auf andere Weise entstanden sein: θαρσύνω ἰθύνω εὐθύνω. Denn neben diesen stehen auch Nominalformen mit -υν-: θάρσυνος, ἰθύντατα, εὔθυνα. Doch sind diese Bildungen nicht alle auf gleiche Linie zu stellen. θάρσυνος ist eine Weiterbildung des Nomens θάρσος durch das Secundärsuffix -συνο-, es ist durch Dissimilation aus *θαρσο-συνο-ς hervorgegangen, vgl. Brugmann, Grundr. 1, 484, 2, 153. Natürlich beweist dies nichts gegen die Annahme, dass θαρσύνω erst nach θάρσυνος gebildet sei: eine Annahme, die überhaupt nicht zu widerlegen ist. Anders liegen die Verhältnisse bei ἰθύνω, εὐθύνω, neben denen ἰθύντατα und εὔθυνα liegen. Man wird nicht umhin können, für diese Formen mit Osthoff, Forsch. 2, 24 ff., Brugmann, M. U. 2, 190, 201 f., 205 f., Grundr. 2, 342, -*u̯en*-Stämme anzuerkennen, welche neben den durch ἰθύς, εὐθύς verbürgten *u*-Stämmen lagen. Dadurch wird es aber auch zweifelhaft, ob wir für ἰθύνω, εὐθύνω nicht vielmehr an diese -*u̯en*-Stämme als an die *u*-Stämme anzuknüpfen haben. Ist dies der Fall, so ist es natürlich auch möglich, dass sämmtliche eben aufgeführten Verba erst nach dem Verhältnis von ἰθύνω, εὐθύνω zu ἰθύς, εὐθύς entstanden sind. Eine sichere Entscheidung hierüber ist nicht zu treffen. Nicht nach der Analogie dieser Formen können aber die oben angeführten Passivaoriste δηρίν-θην, ἀχλύν-θην gebildet sein. Denn hier würde man nicht verstehen, warum eben nur der Passivaorist der Analogie unterworfen war. Für diese Formen sehe ich keine andere Möglichkeit der Erklärung als die oben gegebene.

Dass gerade so viele Denom. von *u*-Stämmen ein Präs. auf -ύνω besassen, ist vielleicht durch das Zusammenwirken der beiden Factoren zu erklären. Durch die von den neben einigen *u*-Stämmen liegenden -*u̯en*-Stämmen abgeleiteten Verba auf -ύνω wurden die zu den *u*-Stämmen gehörigen Aoriste auf -υνθην gehalten.

Wir haben somit im Griech. mehrere Formen gefunden,

welche den Instr. auf *-īm* bezw. *-ūm* zur Voraussetzung haben. Wie wir oben sahen, bilden im Ind. die *i-* und *u*-Stämme ihren Instr. auf *-i̯ā* und *-u̯ā* bezw. *-ii̯ā* und *-uu̯ā*. Wenn diese Formen nicht zu sehr dem Verdacht der ind. Neubildung unterlägen, würde man die Entstehung folgender Denom. in ähnlicher Weise erklären können, wie wir oben die Entstehung der auf -ύνω erklärten.

Zu νέμεσις könnte man analog dem aind. *rayyā́* einen Instr. urgr. *νεμεσι̯ᾱ voraussetzen. Das urgr. *νεμεσιᾱθην musste lautgesetzlich zu hom. νεμεσσήθην führen. Darnach konnte leicht ein Präs. νεμεσσάω neugebildet werden. Auf gleiche Weise kann πελεκκάω zu πέλεκυς entstanden sein. Der Aorist wäre als *πελεκκᾱθην aus *πελεκϝᾱ-θην anzusetzen, und der Instr. *πελεκϝᾱ entspräche dem ai. *paśvā*.

Auf Grund eines Instr. wie ai. *ūrmiā́* kann entstanden gr. δηριάομαι zu δῆρις. Der Aorist wäre anzusetzen als *δηριᾱ́θην aus *δηρι̯ᾱ-θην. Ebenso kann man μητιάω zu μῆτις und ὀκριάω zu ὄκρις auffassen.

Ich verkenne nicht, dass die zuletzt vorgetragene Theorie unsicher, ja sehr unsicher ist. Sind die ind. Instr. auf *-yā* und *-vā* direct aus grundsprachl. Formen herzuleiten, wie Hirt thut, steht derselben nichts im Wege, sind sie aber ind. Neubildungen, wie Brugmann will, ist sie unmöglich. Nur das Eine halte ich für sicher, dass sich in einigen Fällen Instrumentalformen auf *-īm* und *-ūm* im θην-Aorist des Griech. erhalten haben.

Nachdem wir so gesehen haben, dass einige bisher noch nicht erklärte Passivaoriste des Griech. gerade bei der Annahme, dass der Passivaorist der denom. Verba aus einer syntaktischen Verbindung des Instr. des Stammnomens und einer Verbalform erwachsen ist, genügende Aufhellung finden, werden wir kaum noch zweifeln können, dass jene Annahme, wenigstens für die von vocalischen Stämmen abgeleiteten Denom., zutreffend ist, vorausgesetzt, dass es uns unten gelingen wird, die Bedeutungsentwicklung festzustellen. Einen weitern Beweis aus dem Griech. selbst vermag ich allerdings nicht beizubringen.

Dagegen können wir jetzt die Entstehung einer bisher noch nicht genügend aufgeklärten Denominativklasse feststellen, nämlich die der Denom. auf -οω. Sütterlin, Z. Gesch. d. Verba denom. 98, will ihre Entstehung dadurch erklären, dass man nach der Analogie von σκέπᾳ, σκέπαις: σκεπάω zu θρίγκῳ, θρίγκοις ein θριγκόω gebildet habe. Er kommt zu dieser Ansicht dadurch, dass diese Verba den Sinn hatten »mit dem versehen, was das zugrunde liegende Nomen bezeichnet« und daher häufig den Instr. desselben Nomens bei sich hatten. Gegen diese Ansicht lässt sich nichts einwenden und sie ist jedenfalls die beste, die bisher aufgestellt ist. In gleicher Weise will er a. a. O. S. 100 die Denom. auf -οω, welche die Bedeutung haben »zu etwas machen«, auf Grund von Gleichungen wie *σκέπαν, *σκέπανς : σκεπάω = *τόρνον, *τόρνονς : τορνόω entstehen lassen, da auch hier häufig das Verbum den Acc. des ihm zu grunde liegenden Nomens bei sich hatte. Dazu kommt noch, dass ein Part. auf *-ō-tó-* aus der Ursprache ererbt zu sein scheint, wenn wir auf die Übereinstimmung von den griech. Participien auf -ω-τός, lat. Formen wie *aegrōtus*, *Nodōtus*, lit. *kalnůtas* zu *kálnas*, *gaurůtas* zu *gauraĩ* und abulg. *bradatŭ* zu *bradŭ*, *rogatŭ* zu *rogŭ* irgend etwas geben können. Auch diese könnten bei der Entwicklung der Verba auf -οω im Spiele gewesen sein, ja Brugmann, Grundr. 2, 1120, will in diesen Formen die Hauptursache zur Bildung der Verba auf -οω sehen.

Einen andern Weg, um zu den griech. Formen zu gelangen, möchte ich jetzt einschlagen. Bekanntlich stand in der Grundsprache neben dem Instr. auf *-ē* bei den *o*-Stämmen auch ein solcher auf *-ō*. Nun werden jedenfalls die Nomina, welche sonst einen Instr. auf *-ō* bildeten, denselben auch bei der Bildung des Prät. verwandt haben. So standen sich also **-ei̯ō* im Präs. und **-ō dhēm* im Prät. gegenüber. In den Einzelsprachen konnte natürlich dies Verhältnis nicht lange bleiben, so musste vielmehr Ausgleichung eintreten. Dass hierbei bald der Vocalismus des Präs., bald der des Prät. verallgemeinert wurde, ist nicht weiter auffällig. So werden die griech. Verba σαόω zu σάος nach ἐσαώθην, χολόω zu χόλος nach ἐχολώθην, δηλόω zu δῆλος nach ἐδηλώθην ins Leben getreten sein. Wenn die Annahme richtig ist, dass der Instr. auf -ē nur bei den Nominibus, welche den Hauptton auf der letzten Silbe trugen, berechtigt war, die übrigen aber einen solchen auf -ō bildeten, so können solche Verba wie πιστόομαι zu πιστός, γυμνόω zu γυμνός erst nach Analogie der übrigen Verba auf -οω gebildet sein. Es kann dann eben ursprünglich diese Denominativbildung nur bei nicht oxytonierten Stämmen in Gebrauch gewesen sein. Doch darf man diesen Satz nicht umdrehen: man muss immer im Auge behalten, dass die Bildung der Verba auf -οω eine Neuerung war, welche vom Prät. ausging, dass ebensogut auch die ō-Form des Prät. untergehen und die *e*-Form des Präs. den Sieg davon tragen konnte [1]).

Über das Lat. ist nur wenig zu bemerken. Hier haben sich von den andern Instrumentalformen, als denen auf -*ā*, -*ē*, -*ī*, keine erhalten. Vielleicht haben im Urital. auch einmal Präteritalformen bestanden, deren erstes Glied ein Instr: auf -ō war. War dies der Fall, so muss schon im Urital. — denn auch die umbr.-samnit. Dialecte besitzen keine *o*-Verba — das *e* des Präs. im Prät. das *ē* nach sich gezogen haben. Eine sichere Entscheidung ist hier nicht möglich.

Mit den *e*-Denom. fielen im Lat. die Causativa in der Präsensflexion zusammen und nahmen daher auch die Präteritalbildung derselben an. Dadurch wuchs die Anzahl der *e*-Verba gewaltig und gewann über alle andern, mit Ausnahme der *ā*-Verba, ein bedeutendes Übergewicht. Daher kam es, dass das *-ē-bam* dieser Verba auch auf die übrigen Denom. übertragen wurde.

Wir kommen jetzt zum Germanischen.

Über die Denom. von *ā*-Stämmen ist nichts zu bemerken. Hier entsprechen die Prät. genau den Bildungen der verwandten Sprachen griech. ἐ-τιμᾱ-θην, lat. *plantā-bam*, d. h. das Hülfsverb tritt an den auf -*ā* auslautenden Instr. des Stammnomens,

1) Daneben können die Part. auf -ωτος mitgewirkt haben.

vgl. got. *karō-da*, ahd. *charō-ta*, ags. *cearo-de*, as. *caro-da* zu got. *kara*, ahd. *chara*, ags. *cearu*, as. *cara*.

An diese Verba schloss sich im Germ. ein grosser Teil der mit dem Präsenssuffix *-nā-* gebildeten Verba an, da im Sing. des Präs. die beiden Flexionen zusammenfielen; in Folge davon nahmen diese Verba auch die Präteritalbildung der *ā*-Denom. an, vgl. got. *keinōda* zu *keinan*, an. *kallaða* zu *kalla*, ai. *gr̥ṇāmi*, ahd. *ginōta* zu *ginōn*, as. *hlinoda* zu *hlinōn*. Im Got. flectieren diese Verba im Präs. wie die themavocalischen, vgl. Streitberg, Z. germ. Sprachg. 104 f.

Wir kommen jetzt zu den Denom. von *o*-Stämmen. Diese fielen im Germ. in ihrer Präsensflexion mit den Denom. von consonant. Stämmen und den primären *i̯o*-Präs. zusammen. Diese bilden allesammt, mit Ausnahme einiger *i̯o*-Präs., ihr Prät. auf *-i-đōm*, dessen Entstehung ich unten behandeln werde. Das alte Prät. ist bei den *e*-Denom. grösstenteils verloren gegangen. Ich glaube aber, dass es uns in zwei Dialecten, im Got. und Ahd. erhalten ist. Hiervon werden wir unten handeln.

Unter den *ā*-Verben finden sich manche Denom. von *o*-Stämmen, z. B. got. *spillōn* zu *spill*, got. *liuþōn*, ahd. *liudōn*, ags. *léođian* zu ahd. *liod*, ags. *léođ*. In vielen Fällen ist die *ā*-Flexion von *o*-Denom. schon aus der Grundsprache ererbt, vgl. Brugmann, Grundr. 2, 1107 ff. In andern dagegen wird die Entwicklung hier genau dieselbe gewesen sein, wie bei den griech. Verben auf -όω. Auch hier hat das Prät. auf *-ō-dhām* den Anlass zu der Umbildung gegeben. Lagen nämlich Präs. auf *-ei̯ō* und Prät. auf *-ō-dhām* neben einander, so konnte kaum ein Zusammenhang der beiden im Sprachgefühl lebendig bleiben. Dazu kommt noch, dass das Prät. auf *-ō-dhām* im Germ. unterschiedslos mit dem auf *-ā-dhām* in *-ō-đōm* zusammenfiel. So kam es, dass eine Anzahl von Denom. von *o*-Stämmen in die Klasse der *ā*-Verba übertrat.

Aber auch die übrigen Denom. von *o*-Stämmen blieben nicht unberührt von fremdem Einfluss. Als der alte Ausgang *-ei̯ō* in *-ii̯ō* überging, fielen sie mit den *i*-Denom. im Präs.

zusammen. Sie waren aber von jenen anfangs noch im Prät. geschieden: denn sie hatten im Prät. *-ē-dhām*, die *i*-Denom. *-ī-dhām*. Natürlich konnte sich dieser Zustand nicht lange halten; denn dass zwei im Präs. vollständig gleich flectierende Verba verschieden ihr Prät. formieren, widerstrebt dem Sprachgefühl. Es musste Ausgleichung stattfinden. Ob *-ē-dhām* oder *-ī-dhām* verallgemeinert wurde, können wir nicht wissen.

Es kommt aber bei diesen Verben noch ein dritter Factor hinzu: die Causativa. Ob die Caus. ursprünglich ein demjenigen der Denom. ähnliches Praet. bildeten, wage ich nicht zu entscheiden. Dagegen ist es sicher, dass sie ein *to*-Part. besassen. Auf Grund von ind. Formen, wie *varti-tá-s*, german. wie got. *fra-wardi-þ-s*, lat. wie *monitus* muss man als grundsprachl. Ausgang *-i-tó-* ansetzen; dagegen weisen die lit. und slav. Formen wie lit. *vartý-ti*, abulg. *vrati-ti* auf grundsprachl. *-ī-tó-* hin. Dies *to*-Particip mussten im Germ. auch die Caus. annehmen, die erst auf Grund von Nominalstämmen gebildet wurden. Nun waren die Caus. von den *e*-Denom. von Anfang an, von denen von *i*-Stämmen nach dem Übergang von *ei̯* in *ii̯* nur durch den Accent geschieden. Konnten da die beiden Klassen lange unvermischt neben einander liegen? Dem Sprachgefühl musste ein neben einem *o*-Stamm stehendes Verb auf *-íi̯ō* auf dieselbe Stufe treten wie das neben demselben stehende Denom. auf *-ii̯ó*. Ich glaube daher nicht fehlzugehen bei der Annahme, dass schon in ziemlich früher Zeit der Accent bei diesen Verben ausgeglichen wurde. Welche von beiden Accentuierungen dabei den Sieg davontrug, ist nicht zu entscheiden, da uns hierfür das Verner'sche Gesetz keinen Anhaltspunkt bietet. Ich möchte aber glauben, dass hier die Accentuation der Denom. durchgeführt wurde, da die *ō*-Verba in ihrer *ōi̯ó*-Flexion immer noch daneben standen.

In einem andern Punkte aber richteten sich die Denom. nach den Causativen. Sie nahmen nämlich die Participalbildung derselben an und zwar die auf *-i-tó-*. Der Grund hierfür kann ein doppelter gewesen sein. Wie wir oben gesehen haben, weisen die idg. Sprachen teils auf *-i-tó-*, teils auf

-*ī-tó-* als Participalausgang der Caus. hin. Andererseits könnte man, wenn das *to*-Part. der *i*-Denom. grich. ὁρῑτός, lat. *fīnītus* schon aus der Grundsprache stammt, auch für das Germ. -*ī-tó-* als Participalausgang der Denom. ansetzen. War nun auch die Participalbildung der Caus. auf -*ī-tó-* im Germ. vorhanden, so konnte ohne weiteres auch das danebenstehende -*i-tó-* auf die Denom. übertragen werden. Da aber diese Voraussetzungen sämmtlich unbewiesen und unbeweisbar sind, ist auf diese Möglichkeit nicht viel zu geben. Sicherer ist die zweite. Neben dem Präs. auf -*ā̆i̯ō* lag von Alters her ein *to*-Part. auf -*ā-tó-*; nach dem Verhältnis dieser wurde das -*i-tó-* der Caus. auf die Denom. übertragen und somit eine völlige Gleichheit hergestellt: -*ā-i̯ō* -*ā-tó* = -*i-i̯ō* -*i-tó-*. Dass jetzt das vielleicht einmal vorhandene Part. der *i*-Denom. auf -*ī-tó-* unterging, kann nicht weiter auffallen.

Die Übertragung des Part. der Caus. auf die *e*- und *i*-Denom. hatte für diese zur Folge die Schöpfung des Prät. auf -*i-dhām*. Wie bei den *ā*-Denom. das Präs. auf -*ā-i̯ō*, das Prät. auf -*ā-dhām* und das Part. auf -*ā-tó-* dasselbe *ā* aufwiesen, so wurde es auch bei den *e*- und *i*-Denom. durchgeführt. So erhielten diese Denom. ihre Flexion, von der aus sich dann die der einzelnen Dialecte entwickelt hat.

Diese Neubildung des Prät. der *e*- und *i*-Denom. ist der wichtigste Act der gesammten Entwicklung der schwachen Verba des Germ. Denn von hier aus datiert der Zusammenhang zwischen *dh*-Prät. und *to*-Part. Festzuhalten ist hierbei, dass dieser Zusammenhang geschaffen wurde vor der Lautverschiebung[1]), dass von den germ. Lautgesetzen sicher nur eins, der Übergang von *ei̯* zu *ii̯*, vorherging. Die spätere Übereinstimmung des Dentals der beiden Bildungen ist Zufall. Dass dies wirklich der Fall ist, wird bewiesen durch das Prät. der primären *ē*-Verba.

1) Dass *ei̯* schon vor der Lautverschiebung zu *ii̯* geworden ist, ist allerdings nicht zu beweisen. Aber ebensowenig ist sicher, dass *ei* noch nach der Lautverschiebung bestand. Sievers' Lesung des inschriftl. *alateiviae*, P. B. B. 18, 410, mit Diphthong *ei* statt mit ī ist durch nichts gestützt.

Die Verba dieser Klasse bildeten, wie Sievers', P. B. B. 8, 90ff. gezeigt hat, ursprünglich ein Prät. ohne Mittelvocal. Diese mittelvocallosen Prät. sind jedoch nur im Ags., As. und Nord., in spärlichen Resten auch im Ahd. erhalten. Auf Grund dieser Dialecte sind als urgerm. anzusetzen **haƀđōn*, **liƀđōn*. Diese Formen müssen auf Grund der Part. **khabh-tó*, **lip-tó-*, urgerm. **haƀđa-*, **liƀđa-* entstanden sein. Man könnte hier allerdings einwerfen: wie verträgt sich die Annahme einer solchen Participialbildung mit der Ansicht, dass bei den *ē*-Verben auch in den ausserpräsensischen Formen *ē* (oder nach Bartholomae *ī*) erscheint? Dagegen ist geltend zu machen, dass durchaus nicht alle ausserpräsentischen Formen von Alters her *ē* besessen haben, vgl. Brugmann, Grundr. 2, 1068, z. B. lat. *vīsus* neben *videō*. Für die Wurzel *khabh* haben wir nun auch eine Präsensbildung, deren Part. nicht anders als **khabh-tó-* lauten konnte. Es ist dies das alban. *kam*, welches nach G. Meyer, Albanes. Studien 3, 6, auf grundsprachliches **khabh-mi* zurückgeht. Hierbei ist es gleichgültig, ob got. *haban*, alban. *kam* mit lat. *habēre* zu verbinden sind und auf eine Wurzel *khabh* zurückführen, oder ob got. *haban*, alban. *kam* mit G. Meyer zu kelt. *cab-* (air. *gabim*) zu stellen sind und eine Wurzel *kabh* fortsetzen. Zu dem Präs. **khabh-mi* aber musste das *to*-Part. **khabh-tó-* lauten. Als nun im Germ. die Beziehungen zwischen *dh*-Prät. und *to*-Part. ins Leben traten, wurden die Prät. **khabh-dhām*, **lib-dhām* zu den betreffenden Part. neugebildet: diese mussten aber zu urgerman. **haƀđōm*, **liƀđōm* führen. Der Beweis dafür, dass jene Formen schon vor der Lautverschiebung ins Leben traten, liegt in den dazu gehörigen Part. im Ags. und As.: ags. *ȝe-lifd*, as. *gi-libd*, welche auf ein urgerman. **liƀđa-* hinweisen. Hierfür sollten wir aber **lifta-* erwarten. Wäre nun das Prät. dieser Verba erst nach der Lautverschiebung gebildet, so wäre nicht abzusehen, warum es nicht als **haftōm*, **liftōm* auftritt. Denn nach der Lautverschiebung war beim Prät. und *to*-Part. der Dental überall derselbe. War dagegen schon das Prät. **liƀđōm* neben dem Part. **lifta-* altererbt, so musste jetzt, wo alle Prät.

und Part. auch im Dental übereinstimmten, Ausgleichung eintreten, und da gewann der Dental des Prät. die Oberhand, da ihm die grosse Masse der übrigen Prät. und Part. mit *đ* zur Seite stand.

Auch sonst haben in den einzelnen Dialecten sich manche Neubildungen eingestellt; so im Nord., wo an Stelle der zu erwartenden **vagđa*, **þolda* die Formen *vakþa*, *þolđa* traten. Beides ist leicht verständlich. In **vagđa* wurde das *k* vom Präs. eingeführt, und nach *k* musste das *đ* zu *þ* werden nach nord. Lautgesetz. In **þolda* wurde das *d* durch das gewöhnlich das Prät. bildende *đ* ersetzt.

Im Got. und Ahd. wurde das Prät. ohne Mittelvocal aufgegeben, und an dessen Stelle trat *-ē-đōm* ein. Dafür sollten wir im Got. als Endung *-ē-da* erwarten; das *ai* derselben wird aus dem Präs., wo es in der 2. 3. Sing. 2. Plur. lautgesetzlich war, übertragen sein, oder vielmehr: das Got. hat nie die Endung *-ē-da* besessen, da bei der Neubildung gleich *-ai-da* eingetreten ist. Diese Neubildung ist eingetreten nach der Gleichung *salbōs*: *salbōda* = *habais* : *habaida* und ebenso im Ahd. Doch kann auch noch folgender Umstand mitgewirkt haben.

Wir finden nämlich für eine Anzahl Denom. von *o*-Stämmen die *ē*-Flexion und daneben eine *ō*-Flexion. Hier scheint die Sache folgendermassen zu liegen.

Aus der Grundsprache wurde eine Anzahl Denom. auf *-e̯i̯ō* übernommen, neben denen ein Prät. auf *-ō-dhām* lag. Diese konnten im Germ. nicht lange unverändert fortbestehen, da jedenfalls schon früh das Bewusstsein von der eigentlichen Bedeutung und der Bildungsweise der Präteritalformen verloren ging. Daher trennten sich bald beide Bildungen: die *ō*-Prät. schufen sich ein neues Präs., die *e*-Präs. ein neues Prät. Wie das Präs. der *ō*-Prät. aussah, wissen wir nicht; in der historischen Zeit sind sie überall mit den *ā*-Denom. zusammengefallen. Das Prät. der *e*-Präs. konnte dagegen nur auf *-ē-dhām* ausgehen. Wir haben also jetzt *e*- und *ō*-Verba von demselben Stamme. Als nun die *e*-Denom. in die *i*-Denom.

aufgingen, blieben vielleicht einige solcher *ē*-Prät., die durch danebenstehende *ō*-Prät. geschützt waren, erhalten und trugen später zur Schaffung der denom. *ē*-Präs. bei. Somit konnten Verba aller drei Klassen von *o*-Stämmen abgeleitet werden.

Ein solcher Zustand aber musste das Gefühl für die Bildungsweise der denom. Verba schwächen. Man konnte nicht mehr die eine Klasse der Verben mit einer bestimmten Nominalklasse verknüpfen: die Folge war, dass man bald bei jedem Stamme auch jede Bildung anwenden konnte. Nur eine Klasse hatte eine ganz bestimmte Bedeutung angenommen: die *ē*-Klasse war die der Intransitiva. Dies wurde bewirkt durch die primären *ē*-Verba, welche auch im Lat. und Griech. die intrans. Bedeutung den *e*-Verben zutrugen. So kam es, dass die noch erhaltenen denom. *ē*-Verba, welche keine intrans. Bedeutung hatten, fast spurlos untergingen. Durch die erhaltenen *ē*-Denom. und die danebenstehenden *ō*-Verba wurde es bewirkt, dass wir fast neben allen *ē*-Verben auch *ō*-Verba finden, und dass so manche alte *ō*-Verba, selbst solche, die, wie *mornēn*, ursprünglich der *nā*-Klasse angehörten, in die *ē*-Klasse übertraten. In manchen Fällen wird auch noch das Nebeneinander von *sorgēm* und *sorga* und ähnlichen beim Übertritt behülflich gewesen sein.

Eins ist noch zu bemerken: die Bildung des Präs. auf *-ē-mi* zum Prät. auf *-ē-dhūm* kann erst nach der Bildung von Formen wie **khabh-dhūm* geschehen sein. Denn sonst wäre nicht abzusehen, warum überhaupt **khabh-dhūm* gebildet wurde: man würde sogleich die Bildung von **khabhēdhūm* zu erwarten haben.

Wir haben noch, bevor wir zu einigen Einzelheiten übergehen, die Präteritalbildung der letzten Art von Denom., der von consonant. Stämmen abgeleiteten, zu besprechen.

Wie wir oben gesehen haben, liegen im ersten Glied der Prät. von vocal. Denom. offenbar Instrumentalformen vor. Wir können dies also auch für die Prät. der consonant. Denom. voraussestzen. Nun ist leider nicht entschieden, wie der Instr. von consonant. Stämmen in der Grundsprache lautete, ob sein

Suffix *-a*, *-e* oder *-m̥̆* war. Da ich dies einerseits nicht entscheiden kann, andererseits auch die Form des Instr. bei unserer Untersuchung, wie wir sehen werden, von gar keiner Bedeutung ist, werde ich als Suffix *-a*^{x} setzen, wobei ich unentschieden lasse, ob dies *-a*, *-e* oder *m̥̆* vertritt. Wir werden also nach dem Muster der vocal. Denom. für die idg. Ursprache folgende Mustertypen für die Prät. der consonant. Denom. anzusetzen haben:

a) für die *s*-Stämme: **regesa*^{x} *dhēm*, cf. ai. *rajas*;

b) für die *n*-Stämme: **nomna*^{x} *dhēm*, cf. ai. *nāma*, lat. *nomen*;

c) für die Stämme auf Verschlusslaute: **loukada*^{x} *dhēm*, cf. got. *lauhatjan*.

Formen dieser Art finden wir aber weder im Griech., noch im Lat., noch im Germ. Auch wären diese Formen kaum zu erwarten, da sie zu ihrem Präs. in einem ganz andern Verhältnis standen als die übrigen Denom., besonders die so einflussreichen Denom. von *ā*-Stämmen.

Denn während die Präs. **u̯orā-i̯ō* und **reges-i̯ō* auf das Sprachgefühl denselben Eindruck machten, konnten dies ihre Prät. **u̯orā-dhēm* und **regesa*^{x}*-dhēm* nicht. Die Folge konnte nur die sein, dass entweder zu **reges-i̯ō* ein neues Prät. **reges-dhēm* oder zu **regesa*^{x}*-dhēm* ein neues Präs. **regesa*^{x}*-i̯ō* gebildet wurde. Wenn die letzte Art der Neubildung auch in einigen Fällen vorgekommen sein mag, so konnte sie doch nicht die gebräuchliche werden. Denn auch hier ist der Factor in Rechnung zu ziehen, der für das schwache Verbum des Germ. so ausschlaggebend geworden ist: das *to*-Part. Denn auch im Griech. stand dies zu dem θην-Aorist in Beziehung, wenn auch nicht in so enger wie im Germ. Schon in der idg. Grundsprache wurden von Nominalstämmen *to*-Bildungen abgeleitet, ohne dass ein denom. Verbum daneben stand. Dies zeigt das lat. *scelestus*, neben dem ein **sceleriō* nicht existierte. So können Formen wie griech. τελεσ-τός, ἐλπισ-τός, κηρυκ-τός schon aus der Grundsprache ererbt sein. Lagen nun neben ihnen die Verba *τελεσ-i̯ω, *ἐλπιδ-i̯ω, *κηρυκ-i̯ω, so konnten sie nur als die zu diesen gehörigen *to*-Part. angesehen werden. Nun standen sie aber mit Formen wie τιμᾱ-τός auf einer Linie, und da hier *to*-Part. und θην-Aorist dieselbe Bildungsweise hatten, trat dies auch hier ein. So entstanden die Formen ἐτελέσθην, ἠλπίσθην, ἐκηρύχθην, so dass jetzt die Gleichung bestand: *τιμᾱ-ι̯ω: ἐ-τιμᾱ́-θην τιμᾱ-τός = *τελεσ-ι̯ω ἐ-τελέσ-θην τελεσ-τός. Hiernach wurde nun auch von *n*-Denom. wie *μελαν-ι̯ω ein ἐ-μελάν-θην gebildet, wofür man eigentlich *ἐ-μελᾰ-θην erwarten sollte.

Genau dieselbe Entwicklung haben wir für das Germ. vorauszusetzen. Auch hier hatte sich teils auf Grund der altererbten *to*-Bildungen, teils nach Analogie der Denom. von vocal. Stämmen eine Präteritalform gebildet, welche der des Griech. vollständig gleich war. Von dieser ist uns ein Rest erhalten: das got. *kaupasta*. Eigentlich sollte es **kaupassa* lauten, das *t* ist erst im Laufe der gotischen Sonderentwicklung hineingekommen. Dies Verb ist auch insofern bemerkenswert, als es das einzige ist, bei welchem Prät. und Part. nicht übereinstimmen. Doch ist diese Verschiedenheit ebenfalls erst im Got. selbst entstanden und zwar dadurch, dass das alte Part. **kaupassa-* nach der gewöhnlichen Participalbildung zu *kaupatida-* umgebildet wurde, während das Prät. erhalten blieb. Wir sehen hieraus, dass die Beziehungen zwischen *t*-Part. und *dh*-Prät. im Got. nicht mehr so lebendig waren wie im Urgerm.

Auf diesem Standpunkt blieb das Germ. jedoch nicht stehen. Als durch den Übergang von *ii̯* in *i̯* die Denom. von *e*- und *i*-Stämmen und die Caus. mit unsern Denom. im Präs. zusammenfielen, wurden auch die Prät. ausgeglichen und zwar zu gunsten des viel häufigeren und einheitlichen *-i-dōm*. Von diesen Formen aus entwickelten sich dann die der einzelnen Dialecte.

Das Lat. habe ich bei den Denom. von consonant. Stämmen übergangen. Denn hier sind diese mit den *i*-Denom. zusammengefallen und haben daher auch die Präteritalbildung derselben angenommen.

IV

Wir kommen jetzt zu einer Anzahl von Einzelheiten. Aus dem Griech. sind solche schon oben angeführt; hier wäre vielleicht nur der θην-Aorist der primären Verba zu besprechen. Dieser ist am besten als Neubildung von der 2. Sing. Med. des Prät. zu fassen, wie Wackernagel erkannt hat, ausgegangen von Formen wie ἐ-δό-θης = aind. *á-di-thās*, ἐ-κτά-θης = aind. *á-kṣa-thās*, ἐ-βλή-θης zu ἔ-βλη-το, ἐμείχθης aus *ἐ-μεικ-σ-θης zu ἔμεικτο aus *ἐ-μεικ-σ-το. Dies kam daher, dass die Endung *-thēs* mit der Form **dhēs* im Griech. in -θης zusammenfiel und beide Formen somit der Endung nach gleich waren.

Aus den germ. Sprachen gehören hierher die Verba, welche Sievers, Ags. Gr.[2] § 407 a, aufführt, mit Ausnahme von *byczean*, *séccan*, *đencean*, *đyncean*, *wyrcean* und *brinzan*, welche unten zur Besprechung kommen. Hinzu kommen noch einige andere Verba wie as. *leggian*, *settian*. Alle diese bilden ihr Prät. ohne Mittelvocal, ja teilweise muss dies schon im Urgerm. so gebildet gewesen sein. Jedoch ist es klar, dass der grösste Teil jener Formen Neubildung war. Denn mehrere von jenen ags. Verben, wie *cwellan*, *reccean*, *đeccean*, sind alte Caus., bei denen wenigstens das Part. das *-i-* zeigen müsste.

Unter allen diesen Verben ist nur eins, von dem wir mit voller Sicherheit sagen können, dass es im Urgerm. sein Prät. und Part. ohne Mittelvocal bildete: nämlich ags. *sellan*. Diesem entspricht im Nord. *selja*, dessen Prät. aisl. *selda* lautet. Hier weist die Media *d* darauf hin, dass das Prät. nie einen Mittelvocal besessen hat. Dabei macht allerdings der *i*-Umlaut der Wurzelsilbe Schwierigkeiten. Diese sind aber wohl mit Wadstein, P. B. B. 17, 420, dadurch zu beseitigen, dass man annimmt, *selda* sei eine Compromissbildung von an. **salda* (= ags. *sealde*) und an. **selda* (= ahd. *selita*). Wie aber ist das urgerm. Prät. **salđom* entstanden?

Wie wir oben sahen, sind Prät. ohne Mittelvocal für Denom. von consonant. Stämmen vorauszusetzen. Ein Nomen **sal*, von dem **saljō* das Denom. wäre, dürfte es aber kaum gegeben haben. Das Verbum kann kaum anders, denn als Caus. oder primäres *i̯o*-Verbum aufgefasst werden, wenn wir auch seine Etymologie nicht kennen. Denn Osthoff's Zusammenstellung mit griech. ἑλεῖν scheitert an der Unmöglichkeit, die Bedeutungen der beiden Verba zu vereinigen. Die Wurzel des germ. Wortes wird als *sel* anzusetzen sein. Bestand nun zu dieser Wurzel ein *to*-Part. mit »nebentoniger« Tiefstufe (wie aind. *jā-tá-* zu *ĝen*) **sl̥-tó-*, so musste dies im Germ. zu **salda-* führen. Auf diese Form kann nun das ags. *ȝe-seald* zurückgehen. Nach diesem Part. wird das Prät. gebildet sein. Das ahd. *selita* weist dagegen auf die gewöhnliche Präteritalbildung **salidōm* hin. Zu erklären ist die ganze Präteritalbildung am besten unter der Voraussetzung, dass urgerm. **sali̯ō* ein primäres Verbum ist, entstanden etwa aus **sl̥i̯ō*. Dann wäre **salda-* das Part., von dem aus **saldōm* gebildet ist; **salidōm* kann erst dann gebildet worden sein, als *ii̯* in *i̯* übergegangen war. Ist dagegen **sali̯ō* altes Caus., so kann **salda-* doch nur als Part. des verlorenen Primärverbums angesehen werden, das im Urgerm. zum Caus. gezogen ist. Auch von den übrigen Verben können einige so aufgefasst werden. So kann z. B. das urgerm. **þahta-* auf ein ursprachliches **tək-tó-* zurückgehen. Doch können diese Verba auch ihr Prät. und Part. sämmtlich nach den Verben wie got. *waurkjan* umgebildet haben.

Jedenfalls Neubildungen sind Prät. wie ags. *leȝde, sette*. Hier weist schon der *i*-Umlaut, bei *sette* auch das *tt* auf jüngeren Ursprung hin.

Anzuschliessen sind hier die germ. *au̯*- bezw. *ōu̯*-Verba, bei denen wir eine grosse Mannigfaltigkeit der Formen in den einzelnen Dialecten finden.

Aus dem Got. gehören hierher: *taujan, tawida, tawiþs*; **straujan, strawida*; *stōjan, stauida, stauiþs*; **dōjan, dauiþs*; **mōjan, mauiþs*. Für diese Verba hat Streitberg, Z. germ. Sprachg. 34 ff., ein Paradigma mit dem Ablaut *ā* (*āu̯*) *au̯* aufgestellt. Das *ā* soll lautgesetzlich aus *āu̯* hervorgegangen sein, z. B. in der 1. Sing. **stāi̯ō* aus **stāu̯-i̯ō*. Streitberg sieht hierin also offenbar primäre Verba mit *i̯o*-Präsens. Denn nur für solche dürfte er seine Annahme eines Ablauts zwischen Präs. und Prät. rechtfertigen können. Doch bleibt dabei das *i* im Part. unklar, das ursprünglich nur dem Caus. zukam. Und ferner ist dann noch die Herkunft des schwachen Prät. zu erklären. Es bleiben also noch viele Schwierigkeiten.

Betrachten wir die einzelnen Wörter. Zunächst *taujan*. Für dies will Streitberg ein ursprüngliches Präs. **tōi̯ō* aus vorgerm. **dōu̯-i̯ō* aufstellen. Er stützt sich bei dieser Annahme auf das an. *tōja*, das wohl aus einem urgerman. **tōi̯ō*, aber nicht aus **tau̯i̯ō* herleitbar ist. Denn dies hätte zu **toyja* führen müssen. Ist es aber auch notwendig, wegen der nord. Form allein ein so sehr von allen sonst im Germ. vorhandenen abweichendes Paradigma zu construieren? Ich glaube nicht.

Streitberg's Annahme eines urgerm. Paradigmas **tōi̯ō* — **tawiđōm* — **tawiđa-* mit Ablaut zwischen Präs. und Prät. muss an der Unmöglichkeit scheitern, das *-i-* des Prät. und Part. zu erklären. Dies *-i-* muss, wenn *taujan* nicht etwa ein Caus. war, eine Analogiebildung und zwar nach dem Caus. sein. Denn nur beim Caus. ist ein Part. auf *-i-to-* als ursprachlich nachweisbar. War nun *taujan* ein primäres Verbum — und man wird es kaum für etwas anderes ansehen können —, so muss, damit ein Part. **tawida-* entstehen konnte, ein Präs. **tau̯i̯ō* existiert haben. Denn nach einem Präs. **tōi̯ō* konnte nur ein Prät. **tōiđōm*, ein Part. **tōiđa* gebildet werden. Streitberg hat aber, wie ich glaube, selbst den Schlüssel dazu gegeben, um die Thatsachen richtig zu erkennen.

Als grundsprachliche Flexion des Präs. hat Streitberg a. a. O. 36 erschlossen:

Sing. 1. **dāi̯ō*
2. **dāu̯ĭsi*
3. **dāu̯ĭti*.

An Stelle der 1. Sing. **dāi̯ō* wird, wie er selbst meint, schon in der Grundsprache mit Wiedereinführung des *u̯* **dāu̯i̯ō* getreten sein. Dies ist aber die dem got. *tauja* zu Grunde liegende Form. Denn idg. *āu̯* musste, wie Streitberg a. a. O. 93 f. dargethan hat, vor Consonanten im Germ. zu *au* reduciert werden. Auf dem urgerman. **tau̯i̯ō* nun haben sich das Prät. **tawiđōm* und das Part. **tawiđa-* aufgebaut. Hierher gehören got. *tawida*, urnord. *tawiđō*, ahd. *zouuitun*. Dagegen ist das nord. *tōja* die Fortsetzung des ursprachlichen **dūi̯ō* und *tōđa* entspricht einem urgerman. **tōiđōm*. Wie ist aber die Nebenform von *tōja*, *tȳja* aufzufassen? Ist hier etwa auf Grund des alten Part. **dū-tó-* ein **tūiđa-* entstanden? oder ist es mit Noreen, An. Gr. I[1] § 404, Anm. 5, zu anord. *tjōa*, got. *tiuhan* zu ziehen?

Doch ist die eben vorgetragene Auffassung nicht die einzig mögliche. Es giebt vielmehr noch eine, bei welcher auch das nord. *tȳja* nicht ausgeschlossen zu werden braucht. Zu der idg. Wurzel *dā^x u̯* würde ein Präs. der *i̯o*-Klasse mit tiefstufiger Wurzel als **dūi̯ō* oder als **dəu̯i̯ō* anzusetzen sein. Beide können im Germ. erhalten sein, das erstere in anord. *tȳja*, das letztere in got. *taujan*. Ein dazu gebildetes Caus. muss als **dōu̯éi̯ō* angesetzt werden. Dazu wurde dann im Urgerm. das Prät. **tōwiđōm* gebildet, welches im anord. *tōđa* seine genaue Entsprechung hat. Es ist also für *taujan* durchaus unnötig, ein urgerm. Paradigma mit Ablaut zwischen Präs. und Prät. zu construieren.

Wir kommen zu den Verben, welche im Got. *ō* im Präs., *au* im Prät. und Part. aufweisen. Auch für diese will Streitberg ein urgerm. Paradigma mit Ablaut aufstellen. Dies ist aber für eins jener Verben jedenfalls unmöglich, nämlich für das nur im Part. *dauiþs* belegte, aber sicher zu erschliessende **dōjan*. Dies entspricht genau dem abulg. *daviti*, lit. *dovýti* und ist das regelrechte Caus. zu ahd. *tewen*, *touwen*, as. *dōjan*, aisl. *deyja*. Es muss darnach in der Ursprache **dhōu̯éi̯ō*, Partic. **dhōu̯itó-* gelautet haben. Hieraus konnte im Urgerm. nur **đōu̯ii̯ō*, Part. **đōu̯iđa-* werden. **đōu̯ii̯ō* musste später in **đōu̯i̯ō* übergehen und hierin haben wir die Grundform für das got. **dōjan* zu sehen; ebenso muss *dauida-* dem urgerman. **đōu̯iđa-* entsprechen. Es ist hier also der secundäre Langdiphthong *ōu̯* im Gotischen vor *j* in *ō* übergegangen; ferner ist heterosyllabisches *ōu̯* vor *i* zu *au* geworden. Dass *ōu̯* auch vor andern Vocalen als *i* im Got. zu *au* führt, beweist uns das Substantiv *staua*, welches nur auf ein urgerman. **stōṷō* zurückführbar ist.

Hiernach können wir das got. *stōjan stauida* auch auf ein urgerm. Paradigma **stōṷi̯ō* **stōṷiđōm* zurückführen. Es steht daher nichts im Wege, got. *stōjan* abulg. *stavlją* mit Brugmann, Grundr. 2, 1153, als Caus. aufzufassen. Es ist aber auch ebensogut möglich, dass got. *stōjan*, *stauida* auf ein vorgot. **stōi̯ō*, **stōiđōm* zurückzuführen, wie Streitberg will. Dies würde sich wegen des ahd. *stouwan* empfehlen, welches dann zu got. *stōjan* in demselben Verhältnis stände wie got. *taujan* zu anord. *tōja*, von einem Caus. **stōṷi̯ō* aus aber nicht erklärt werden könnte.

Es bleibt noch das got. **mōjan*, ahd. *muoan*. Dies kann man sowohl als primäres Verbum, wie auch als Caus. auffassen. Ist es ein Caus., so ist als urgerman. **mōṷi̯ō* **mōṷiđa*- anzusetzen, ist es dagegen ein primäres Verbum, so lautete es urgerman. **mōi̯ō*.

Jedenfalls sehen wir, dass durchaus kein Grund vorliegt, für die *ōṷ*-Verba des Germ. ein ursprüngliches Paradigma mit Ablaut zwischen Präs. und Prät. anzusetzen, wie er in lit. *szlúti* — *szlaviaĩ* vorliegt, mag man jene Verba als primäre oder als abgeleitete auffassen. Dies war aber der Zweck dieser Untersuchung, zu zeigen, dass das schwache Prät. bei diesen Verben nicht ursprünglich zu sein braucht, dass es vielmehr ebensogut und besser als germ. Neubildung zu fassen ist. Denn nur so kommen wir zu wirklich befriedigenden Resultaten.

Es sind jetzt noch aus dem Germ. die Prät. der nicht abgeleiteten Verba mit schwachem Prät. und der sog. Präteritopräsentia zu besprechen.

Jene Verba sind: got. *briggan* — *brāhta*, *bugjan* — *bauhta*, *brūkjan* — *brūhta*, *waurkjan* — *waurhta*, *þagkjan* — *þāhta*, *þugkjan* — *þūhta*, ags. *sécean* — *sóhte* an. *sokja* — *sōtta*. In allen diesen Prät. kann der Dental kein ursprachliches *dh* gewesen sein, sondern muss auf altes *t* zurückgehen. Um dies zu erklären, könnte man hier auf die nahen Beziehungen zwischen schwachem Prät. und *to*-Part. verweisen und annehmen, dass diese Prät. erst auf Grund der dazu gehörigen *t*-Part. geschaffen seien und zwar nach der Lautverschiebung, oder dass hier die umgekehrte Ausgleichung stattgefunden habe wie bei as. *libda* — *ge-libd*. Eine solche Neuschöpfung ist durchaus nicht ausgeschlossen. Ich glaube aber doch, dass es möglich ist, wenigstens einige dieser Formen anders zu erklären. Hierbei sind zugleich die Präteritopräsentia heranzuziehen.

Wie Behaghel bei Wackernagel, K. Z. 30, 313, erkannt hat, sind die Formen got. *mundēs*, ags. *woldes*, genau gleich den aind. *á-mathās*, *á-vṛthās*, grundsprachlich **é-mn̥-thēs*, **é-u̯l̥-thēs*, d. h. sind ursprünglich 2. Sing. Imperf. Med. Ich glaube nun, dass uns in den Prät. der oben genannten Verba noch mehrere Formen dieser Art erhalten sind. Wohl werden wir kaum noch eine Form als Weiterbildung einer alten Inperfectform in Anspruch nehmen dürfen, doch dürften einige Formen als alte Plusquamperfecta aufzufassen sein. Denn auch diese wurden nach dem Ausweis des Arischen und Griech. in der Grundsprache athematisch gebildet. Von der Wurzel *u̯erĝ* muss die 2. Sing. Plusqpft. Med. **[é]u̯e-u̯r̥k̂-thēs* gelautet haben. Da nun Augment und Reduplication im Germ. in den meisten Fällen verloren ging, entwickelte sich hieraus **wurhtēs*, got. *waurhtēs*. Ebenso lassen sich got. *þaurftēs*, *þūhtēs*, *bauhtēs*, *daurstēs* auf die grundsprachlichen Formen **[é-]te-tr̥p-thēs*, **[é-]te-tn̥k-thēs*, **[é-]bhe-bhuk-thēs*, **[é-]dhe-dhr̥s-thēs* zurückführen. Das urgerman. **þanhtēs* wird eine Neubildung zu **þankjō* sein nach dem Verhältnis von **þunkjō* **þunhtēs*, vgl. Brugmann, Grundr. 2, 1163. Reduplicationslose Bildungen scheinen vorzuliegen in got. *mōstēs*, *ōhtēs*, *áihtēs*. Hierfür sollten wir eigentlich, da im Plusqpf. die schwache Wurzelform am Platze war, **massēs*, **uhtēs*, **aihtēs* erwarten. Da aber sonst der Vocal des Singulars des Perf. verallgemeinert wurde, drang er hier auch in das Plusqpf. ein und so entstanden die historischen Formen. Dasselbe Eindringen des Singularvocals werden wir auch wohl in got. *brāhtes* aus **branhtēs* und in ags. *sōhtes* zu sehen haben, für welche wir als grundsprachliche Formen *[é-]*bhe-bhr̥k-thēs* und *[é-]*se-sək-thēs* vorauszusetzen haben. Ferner wird dieselbe Übertragung auch für das as. *warahta* anzunehmen sein.

Hierher kann nun auch das got. *wissa* gehören. Nach Osthoff, Perf. 397f., soll die 3. Plur. urgerman. **wissun* (got. *wissēdun*) aus einem *s*-Aorist **u̯it-s-n̥t* = gr. ἴσαν ᾖσαν aus *ἠ-Ϝιτ-σ-αν entstanden sein. Es kann aber zugleich *wissēs* eine 2. Sing. des medialen Plusqpf. sein, ursprachlich *[*é-*]*u̯it-thēs*, vgl. 2. Plur. av. gāþ. *vōiz-dūm* mit starker Stammform für die schwache.

Ausser *wissa* haben wir im Germ. noch ein Prät., welches als alter *s*-Aorist aufgefasst werden kann: das westnord. *olla*. Gewöhnlich wird dies allerdings aus **olþa* hergeleitet, wobei das *þ* denselben Ursprung haben müsste wie die im nächsten Capitel zu besprechenden got. *kunþa*, an. *unna* aus **unþa* u. s. w. Dass aber das *ll* in *olla* aus *lþ* entstanden ist, ist durch nichts bewiesen. Es kann ebensogut auf *lz* zurückgehen und dann ist die Form leicht erklärbar. Es ist dann die 3. Pl. *ollo -u* aus urgerman. **wulzun* und dies wiederum aus ursprachlichem **u̯l̥-s-n̥t* entstanden. Dies ist aber die regelrechte 3. Plur. des *s*-Aorist der Wurzel *u̯el*.

Formen wie ahd. *forahta* werden wohl am besten als Anlehnungen an das Part. angesehen.

V.

Wir kommen jetzt zu der Frage nach dem Accent unserer Präteritalbildung und zwar in der idg. Ursprache, im Griech. und im Germ. Das Lat. kann hier nicht in Betracht kommen, da es überall den gleichen Accent durchgeführt hat.

Für die Periode der idg. Spracheinheit können wir überhaupt noch nicht von einem einheitlichen Prät. reden. Wir können hier nur eine syntaktische Verbindung feststellen. Dann kann aber der Accent naturgemäss kein einheitlicher gewesen sein. Denn die Instrumentalformen waren, wie überhaupt alle Nomina, verschieden betont, die Verbalform **dhēm* (**dhām*) oder **bhuām* war im Hauptsatze enklitisch, im Nebensatze orthotoniert.

Dies konnte natürlich nicht so bleiben, nachdem Instr. und Verbum zu einem einheitlichen Ganzen zusammengewachsen waren. Denn dass in einer Sprache sonst völlig gleichgebildete Formen, aber mit verschiedenem Accent, nebeneinander lagen, konnte nicht ertragen werden. Für das Griech. war die Neubetonung leicht: es führte auch hier sein Betonungsgesetz durch. Es konnte gar nicht anders handeln; denn da diese Formen mit den übrigen Verbalformen, speciell denen des sog. starken Passivaorists, vollständig auf eine Linie traten, war dadurch schon die Neubetonung gegeben.

Im Germ. gab es in der ältesten Zeit kein solches Betonungsgesetz, wie im Griech. Gleichwohl müssen wir annehmen, dass schon vor dem Eintreten der Wurzelbetonung eine eine einheitliche Betonung bei allen schwachen Prät. durchgeführt wurde. Ererbt waren im Germ. aus der Ursprache folgende Betonungstypen:

1. Im Hauptsatze: das Verbum ist enklitisch.
   a) Der Ton liegt auf der Wurzelsilbe des Instrumentals.
   b) Der Ton liegt auf der Endung des Instrumentals.
2. Im Nebensatze: das Verbum ist orthotoniert.

Wie es im letzten Falle mit der Betonung des Instr. stand, ist schwer anzugeben. Hatte er noch seinen vollen Ton? oder wurde er beim Zusammenwachsen mit dem Verbum proklitisch? oder wurde das Verbum enklitisch? In jedem Falle musste sich bei der Nebensatzbetonung ein Nebenton ergeben, welcher entweder auf dem Instr. oder auf dem Verbum lag. Aber jedenfalls war der Ton, welcher auf dem Instr. lag, verschieden, je nachdem das zu Grunde liegende Nomen oxytoniert oder barytoniert war. Nach der Betonung im Nebensatz haben wir also im Germ. zu erwarten, entweder:

a) Der Hauptton liegt auf dem Verbum, ein Nebenton auf der Wurzelsilbe des Instrumentals.

b) Der Hauptton liegt auf dem Verbum, ein Nebenton liegt auf der Endung des Instrumentals.

Oder:

a) Der Hauptton liegt auf der Wurzelsilbe des Instrumentals, ein Nebenton auf dem Verbum.

b) Der Hauptton liegt auf der Endung des Instrumentals, ein Nebenton auf dem Verbum.

Um nun zu erkennen, welche von diesen verschiedenen Accentmöglichkeiten im Germ. vorliegt, müssen wir zunächst die Kriterien hierfür feststellen.

Um den Hauptton zu finden, muss in erster Linie das Verner'sche Gesetz berücksichtigt werden. Ferner kommt hierbei eine analogische Umbildung in Betracht. Ich behandle diese zuerst.

Die hier herbeizuziehende Analogiebildung ist die Umbildung des Prät. der Denom. von *o*- und *i*-Stämmen, welche durch das Part. der Caus. veranlasst wurde. Dass dies schon vor der Lautverschiebung, also auch vor dem Eintreten der germ. Neubetonung stattfand, zeigen uns die Formen **khabh-dhām*, **lib-dhām*, deren Entstehung sonst nicht zu begreifen wäre. Die Umbildung von **kr̥nē-dhām*, **dhai̯lī-dhām* zu **kr̥ni-dhām*, **dhai̯li-dhām* konnte aber nur dann stattfinden, wenn der Ton auf der ersten oder der letzten Silbe lag. Denn wenn die Formen **kr̥nḗ-dhām*, **dhai̯lī́-dhām* betont gewesen wären, wäre die Verkürzung des *ē*, *ī* gar nicht zu verstehen, da der Hochton die Vocallänge sicher erhalten hätte. Auch die stärkste Analogie würde die Verkürzung schwerlich hervorgebracht haben. Dazu kommt, dass die *ā*-Verba ihre Länge im Prät. erhielten: diese hätten schon eine kräftige Stütze abgeben können. Hiernach kann also der Hauptton nicht auf der Endung des Instr. gelegen haben, sämmtliche oben unter b. genannten Fälle sind also bei der weiteren Untersuchung ausser acht zu lassen.

Wäre nun im Prät. die Endung betont gewesen, so müssten wir nach dem Verner'schen Gesetz, da auch Präs. und Part. die Wurzelsilbe nicht betonten, für ursprachliche Tenuis (und Tenuis aspirata) immer stimmhafte Spiranten im Wurzelauslaut finden. Das ist aber nicht der Fall. Es finden sich zahlreiche Verba, welche stimmlose Spiranten zeigen. Wenn nun auch manche diese erst durch Anlehnung an das Grundwort neu empfangen haben, so bleiben doch noch manche Fälle übrig, bei denen solche Anlehnung nicht annehmbar ist.

Besonders fällt ins Gewicht got. *ga-fahrjan* neben an. *fegra*. Es ist dies Denom. zu got. *fagrs*, an. *fagr*. Hier wäre gar nicht zu verstehen, wie das got. Wort zu seinem *h* gekommen ist, wenn nicht der Ton in einer Form auf der Wurzelsilbe gelegen hätte, und das kann nur im Prät. der Fall gewesen sein.

Ebenso beweiskräftig ist got. *winþjan*. Auch hier hat das dem Denom. zu Grunde liegende Nomen *winds* den stimmhaften Spiranten, während das Verbum den stimmlosen zeigt. Hier könnte man allerdings meinen, dass uns in dem got. Compositum *winþi-skaurō* ein neben dem *o*-Stamm *winda-* liegender *i*-Stamm *winþi-* aufbewahrt sei und dass von diesem das Denom. abgeleitet sei. Aber man wird wohl besser daran thun, da uns ein Stamm *winþi-* im Got. sonst nicht überliefert ist, mit Osthoff, Verb. in d. Nomcomp. 15, in got. *winþi-skaurō* ein Compositum mit verbalem ersten Glied zu erkennen und *winþi-* von *winþjan* herzuleiten. Dies kann aber sein *þ* auch nur aus dem Prät. bezogen haben, also muss hier der Hauptton auf der Wurzelsilbe gelegen haben.

Weiterer Beispiele bedarf es nicht. Wir haben somit als Sitz des Accentes beim schwachen Prät. die Stammsilbe gefunden. Hiernach wurde im Germ. entweder der Accent des Hauptsatzes fortgeführt, oder, wenn es der des Nebensatzes war, weist das Germ. darauf hin, dass auch im Nebensatze der Instr. stärker betont war als das Verbum.

Hiermit haben wir auch die Möglichkeit gewonnen, mehrere auffällige Formen zu erklären. Es sind dies got. *kunþa*, an. *unna* aus **unþa*, ostnord. *skulle* aus **skulþa*, *ville* aus **vilþa*. Da der Accent im schwachen Prät. auf der ersten Silbe lag, mussten die Verba, welche von der 2. Sing. Med. aus sich ein solches geschaffen hatten, nach dem Verner'schen Gesetz ein *þ* bekommen. So wurden die Formen **g̥thēs*, **sk̥lthēs*, **vilthēs*,

**ųthēs* zu *kunþēs, *skulþēs, *vilþēs, *unþēs.* Die Formen wie *skulda, wilda, munda* sind entweder erst später an das schwache Prät. angeschlossen oder haben ihr *d* vom Part. bezogen.

Nachdem wir so erkannt haben, dass der Accent beim schwachen Prät. auf der ersten Silbe lag, ist es nicht mehr möglich, die Formen ahd. *hapta*, as. *libda* nach dem von Möller, P. B. B. 7, 475 ff. entwickelten Syncopierungsgesetz aus urgerman. **haƀađōm, *liƀađōm* herzuleiten. Denn nach Möller schwindet mittleres *a* nur in der Gruppe ◡◡◡́, welche dadurch zu –◡́ wird. Hier haben wir aber die Gruppe ◡́◡◡ vor uns, in welcher das *a* erhalten bleiben musste. Danach muss als urgerm. Form für jene Prät. **haƀđōm, *liƀđōm* angesetzt werden.

Jetzt können wir auch die Differenz zwischen got. *þahan* und ahd. *dagēn* aufklären. Hierfür müssen wir annehmen, dass sich schon früh nach Analogie der *ā*-Verba auch bei den *ē*-Verben ein Prät. auf *-ē-dhām* gebildet hat. Bestand ein **tákēdhām*, so musste sich dies zu **þahēđōm* entwickeln und von diesem Prät. aus — das in got. *þahaida* enthalten sein kann —, hat das got. *þahan* sein *h* bezogen, während das ahd. *dagēn* das alte *g* festgehalten hat.

Gegen unsern Ansatz betreffs des Accentes des Prät. würde das urnord. *dalidun* auf dem Tune-Stein sprechen, wenn Bugge es mit Recht auf **dai̯lidun* zurückführt. Diese Zurückführung ist aber sehr unsicher; denn die Voraussetzung, dass das Urnord. noch den freien idg. Accent besessen hat, ist nur bei schwerwiegenden, unumstösslich sicheren Beweisen — solche sind aber bis jetzt noch nicht beigebracht — anzunehmen. Urnord. *dalidun* kann ebensogut auf ein german. **dali̯ō* bezogen werden, welches genau dem lit. *dalýju* entsprechen würde. Wenn Bugge's Erklärung sicher wäre, würde *dalidun* uns beweisen, dass der Accent im Plural des schwachen Prät. auf der Endung lag, aber auch nichts weiter. Dies würde aber auch durchaus nicht gegen den oben gefundenen Accent sprechen, da wir im starken Prät. denselben Accentwechsel haben und hierdurch der Accent des schwachen Prät. beeinflusst sein kann. Hierdurch würden, wenn dieser Accentwechsel irgendwie zu beweisen wäre, manche Formen, welche wir oben als Neubildungen ansahen, wie got. *wilda*, *skulda* neben ostnord. *ville*, *skulle* ihre Erklärung finden[1]).

Einen Nebenton in unseren Präteritalformen aufzufinden, dürfte schwer halten. Als Kriterium hierfür haben wir nur die Syncopierungen und damit würden wir nur bis in die Zeit unmittelbar vor diesen, also in eine verhältnismässig späte Zeit, gelangen. Dies hat aber für unsere Untersuchung wenig Wert und kann füglich unterbleiben.

VI.

Unsere Untersuchung hat bis jetzt folgendes Resultat ergeben: In der idg. Ursprache bildeten die denom. Verba kein eigentliches Prät.; sie ersetzten dies durch eine syntaktische Verbindung des Instr. des dem Verbum zu Grunde liegenden Nomens mit dem *ā*- oder Wurzel-Inj. von *dhē* bezw. dem *ā*-Inj. von *bheu̯*. Diese Bildung haben wir gefunden im θην-Aorist des Griech., im Imperf. des Lat. und im schwachen Prät. der germ. Sprachen.

Sind nun das Griech., Lat. und Germ. die einzigen Sprachen, die uns diese idg. Präteritalbildung erhalten haben? Sollten sich in keiner der übrigen Sprachen Spuren derselben finden? Ich glaube, dass solche wirklich vorhanden sind, ja dass in einzelnen unsere oder eine derselben sehr nahestehende Präteritalbildung zu grosser Productivität gelangt ist.

---

1) Ein solcher Accentwechsel ist schon von Sievers, P. B. B. 9, 562f., behauptet worden, aber nur auf Grund des Wechsels von *ō* und *ē*. Aber ganz abgesehen davon, dass es noch lange nicht sicher ist, ob der Wechsel von *o ō* und *e ē* etwas mit dem Hauptton zu thun hat, der Wechsel der beiden Vocale in schwachen Prät. kann erst eine urgerm., ja vielleicht erst nord. Neuerung sein. Demnach darf er nicht als Beweis für einen Accentwechsel angeführt werden. War ein solcher da, so kann er nur nach Analogie des starken Prät. eingetreten sein. Da liegt die Vermutung nahe, dass es vielleicht nur die zweisilbigen Prät. waren, welche mit den Formen des starken Prät in der Silbenzahl übereinstimmten, die den Accentwechsel einführten, während die übrigen den festen Accent behielten.

Wenden wir uns zunächst zum Litauischen, so finden wir hier eine Tempusbildung, welche unserm Prät. in der Bildungsweise genau gleicht, in den Endungen aber abweicht. Es ist dies das sog. Imperfect der Gewohnheit. Einige Beispiele werden die Übereinstimmung mit den entsprechenden Formen der verwandten Sprachen zeigen: *byló-davau* zu *byló-ju* (von *bylà*), *łankó-davau* zu *łankó-ju* (von *į-łanka*), vgl. gr. ἐτιμάθην lat. *plantābam* got. *karōda*; *sené-davau* zu *sené-ju* (von *sēna-s*), *keré-davau* zu *keré-ju* (von *kēra-s*), vgl. gr. ἐφιλήθην lat. *senēbam*; *dalý-davau* zu *daly-jù* (von *dalì-s*), *rūdý-davau* zu *rūdy-jù* (von *rūdì-s*), vgl. lat. *finībam*.

In allen diesen Fällen ist auch hier das erste Glied des Prät. der Instr. des Nomens, das dem Denom. zu Grunde liegt. Darnach muss man auch hier neben dem Instr. auf *-ē* bei den *o*-Stämmen die Nebenform auf *-ō* erwarten, und dieser findet sich auch bei den Denom. auf *-ů-ju*. Die Entstehung dieser Verba haben wir uns gerade so zu denken, wie die der griech. auf -όω, d. h. sie sind neugebildet nach den Prät. auf *-ů-davau*, in denen das *ů* die Nebenform des *ė* der Instrumentalendung ist.

Von diesen denom. Verben aus verbreitete sich das Imperf. auf *-davau* auch auf die primären Verba, und zwar nach dem Verhältnis *byló-ti* *byló-davau* = *sùk-ti* *sùk-davau*.

Wir haben hier noch die Endung *-davau* zu besprechen. Von dieser ist mir nur das *d* klar, welches sicher in etymologischem Zusammenhang mit dem θ des Griech., dem *đ* des Germ. steht und ein Überbleibsel der Wurzel *dhē* ist. Wie aber das *-avau* zu beurteilen ist, weiss ich nicht. Erklärt werden könnte es auf sehr verschiedene Weisen; wer bürgt uns aber dafür, dass eine dieser Erklärungen das Richtige trifft? Das Lit. ist uns erst aus sehr junger Zeit überliefert und hat gerade in der Verbalflexion eine solche Menge von Neubildungen eintreten lassen, dass wir bei jeder Erklärung von *-avau* den sichern Boden der Thatsachen verlassen müssten. Thatsache ist, dass das Imperf. des Lit. in seiner Bildungsweise genau dem griech. θην-Aorist, dem lat. Imperf. und dem schwachen Prät. des Germ. gleich ist, und dass das *d* desselben ebenso wie das θ des Griech. und das *d* des Germ. auf ursprachliches *dh* zurückgehen kann; dagegen weicht es in der Endung ab — aber darf man deswegen diese sonst vollständig gleichen Bildungen trennen? Sicher nicht. Denn wenn auch die Endungen nicht dieselben sind, so ist doch die Bildungsweise dieselbe.

Wenden wir uns jetzt zu dem Slavischen. Hier finden wir keine Form, welche uns vermöge eines tempusbildenden Dentals auf eine Urform hinweist, welche den bis jetzt besprochenen Formationen gleichzusetzen ist. Auch Formen mit tempusbildendem *b* sind dem Slav. unbekannt. Doch auch hier finden wir ein Tempus, welches als periphrastische Bildung anzusehen ist: das Imperfect. Sehen wir uns seine Bildungsweise genauer an.

Von der in den bis jetzt betrachteten Sprachen vorhandenen Mannigfaltigkeit der Instrumentalausgänge im periphrastischen Prät. finden wir im Slav. nichts. Hier geht das erste Glied des Imperf. auf *ā* oder auf *ě* aus, eine weitere Form ist nicht vorhanden. Sonst aber sind die Bildungen, mit Ausnahme des Hülfsverbs, genau gleich denen der übrigen Sprachen. Einige Beispiele mögen dies zeigen: *ląka-achŭ* zu *ląka-ją* (von *ląka*), *igra-achŭ* zu *igra-ją* (von *igra*), vgl. gr. ἐτιμᾱ́θην u. s. w.; *cělě-achŭ* zu *cělě-ją* (von *cělŭ*), *buja-achŭ* zu *buja-ją* (von *bujĭ*), vgl. gr. ἐφιλήθην. Als lautgesetzlich können aus dem Slav. auch die Prät. betrachtet werden, welche zu *ā*-Denom. von *o*-Stämmen gehören. Wir haben hier dieselbe Entwicklung wie im Griech., Germ. und Lit., dass auf Grund eines Prät. mit *ō*-Vocalismus ein neues Präs. an Stelle des alten *e*-Präs. geschaffen wurde. Solche Prät. sind *děla-achŭ* zu *děla-ją* (von *dělo*), *gněva-achŭ sę* zu *gněva-ją sę* (von *gněvŭ*).

Wie im Lat. finden wir auch im Slav. das periphrast. Prät. auf *-ě-achŭ* bei allen primären Verben. Auch hierin ist das erste Glied der Instr. von einem neben dem Verbum liegenden Abstractum mit *o*-Suffix, vgl. Brugmann, Grdr. 2, 1266, 1272.

Anders will Streitberg, J. F. 2, Anzeiger 169 f., das *ē* von *nesě-achъ legē-bam* fassen. Er sieht darin den Loc. eines *i*-Stammes auf *-ē(i)*. Unmöglich ist eine solche Auffassung natürlich nicht; ich weiss aber nicht, wie es dann mit Formen wie *čělě-achŭ* fertig wird. Hier kann das *ě* doch nichts anderes sein als die Instrumentalendung eines *o*-Stammes; wäre es die Locativendung desselben, so müsste sich vorhergehendes *k*, *g*, *ch* doch in *c*, *z*, *s* und nicht in *č*, *ž*, *š* verwandeln. Man müsste also wenigstens zwei verschiedene Bildungsweisen für das slav. Imperfect anerkennen. Auch glaube ich, dass wir, wenn wir wirklich den Loc. eines *i*-Stammes vor uns hätten, eher **nestě-achŭ* erwarten müssten, da wohl kaum neben dem als Inf. verwandten *ti*-Abstractum ein zweiter *i*-Stamm, der ungefähr dieselbe Bedeutung haben musste, vom Verbalstamm gebildet wäre.

Was nun die Verbindung der Nominal- mit der Verbalform betrifft, so können wir hier mit Sicherheit behaupten, dass das Zusammenwachsen der beiden zu einer Worteinheit erst in verhältnissmässig später Zeit stattfand. Denn dies kann erst geschehen sein, nachdem sich anlautendes *ē-* zu *jā-* entwickelt hatte: wir würden sonst sicher an Stelle von Formen wie *čělě-achŭ* solche mit contrahiertem *-ē-ē-* **čělěchŭ* zu erwarten haben. Auch hierin deckt es sich mit dem Lat., wo ebenfalls das Zusammenwachsen nicht in allzu früher Zeit stattgefunden haben kann, wie *āre faciō*, *āre fīō* beweisen.

Über das Hülfsverb des Slav. ist nur wenig zu sagen. Es kann nur, wie schon längst erkannt ist, zu der Wurzel *es* gehören und die Formen *-jachŭ*, *-jaše*, *-jaše* sind auf ursprachliches **ēsom*, **ēses*, **ēset*, d. i. ein themavoc. Imperf., zurückzuführen.

Mit den durch *ē* gebildeten Imperf. des Slav. und Lat. stellt Brugmann, Grundr. 2, 1265, die Formen wie *vidā́m* in dem umschriebenen Perfect des Aind. zusammen und deutet sie als Instr., während Delbrück, Aind. Syntax 426 f., hierin Acc. sehen will. Der Form nach ist beides möglich und wir haben hierin vielleicht auch wirklich zwei ursprünglich geschiedene, im Ind. aber zusammengeflossene Casus zu sehen.

Von den bei Whitney, Wurzeln S. 242, gesammelten periphrastischen Perfecten kann man mit Delbrück nur *vidā́m* als alt ansehen. Es ist dies der Acc. oder Instr. eines Abstractums auf *-ā́* **vidā́*, das gebildet ist wie aind. *bhidā́*, gr. φυγή. Dies ist aber auch das einzige von diesen Perfecten, welches mit einem wirklichen Nomen gebildet ist. In allen übrigen Fällen ist der Ausgang *-ām* deutlich an den Präsensstamm gefügt, sowohl bei den primären wie auch bei den abgeleiteten Verben. Diese Formen können daher nicht in unmittelbaren Zusammenhang mit unserer Präteritalbildung gebracht werden. Dass jedoch gar kein Zusammenhang mit ihr bestehe, ist keineswegs zu behaupten. Denn für einen solchen sprechen die im umschriebenen Perfect des Ind. verwandten Hülfsverba.

Als solche werden gebraucht *kar*, *as* und *bhū*. Nach Whitney, Ind. Gramm. § 1070 Anm., ist in der älteren Sprache *kar* in fast ausschliesslichem Gebrauch, *bhū* kommt noch gar nicht vor. Von diesen Hülfsverben sind uns schon zwei bei unserm Prät. begegnet, *as* und *bhū*, und zwar jenes im Slav., dieses im Lat. Wie kommt aber *kar* hierher? Ich weiss dies nicht anders zu erklären, als dadurch, das *kar* einmal gleichbedeutend mit *dhā* war und mit ihm wechselte und es später verdrängte[1]).

Jedenfalls ist für das Ind. zu behaupten, dass, wenn überhaupt dies periphrastische Perfect mit dem periphrastischen Prät., welches wir in den europäischen Sprachen kennen lernten, zusammenhängt, hier die Entwicklung einen ganz andern Verlauf nahm wie dort, und zwar dadurch, dass die alten Bildungen untergingen und an deren Stelle Neubildungen traten.

---

1) Vgl. das mit *gúhā kar* gleichbedeutende *gúhā dhā*.

VII.

Wir kommen jetzt zum letzten Hauptteil unserer Untersuchung, zu der Frage: wie ist das periphrastische Prät. syntactisch zu erklären? Hieran anschliessend, wird dann die Frage zu behandeln sein, wie sich die Bedeutung in den Einzelsprachen weiter entwickelt hat.

Bevor wir zu der syntactischen Erklärung unseres Prät. selbst übergehen, müssen wir die Grundbedeutung des Instrumentals feststellen. Delbrück, Grundr. 3, 184, 231, definiert diese dahin: In den Instrumentalis tritt der Substantivbegriff, mit dem zusammen der Träger der Satzhandlung diese vollzieht.

Nach Delbrück soll also der im Instr. stehende Substantivbegriff immer in Beziehung stehen zu dem Träger der Satzhandlung. Er hält daher die Ausdrucksweisen, wo der im Instr. stehende Begriff zu dem durch die Satzhandlung betroffenen Gegenstand in Beziehung steht, für einzelsprachliche Neubildungen. Hierunter fällt besonders der baltisch-slavische Gebrauch, bei den Verben »zu etwas machen« den Instr. zu setzen. Wenn ich nun auch diesen Gebrauch in der im Baltisch-Slavischen vorliegenden Form für Neubildung halte, so glaube ich doch, dass ein ähnlicher Gebrauch schon in der Ursprache bestand, die den Verben »zu etwas machen, zu etwas werden« den Instr. zu setzen. Denn auch das Ind. kennt in diesem Falle den Instrumental.

Wir finden nämlich hier neben den gewöhnlichen Denom., wie sie auch in den übrigen Sprachen vorhanden sind, zur Umschreibung derselben eine Ausdrucksweise, deren Bildung Whitney, Ind. Gramm. § 1094, folgendermassen beschreibt: Jeder Substantiv- oder Adjectivstamm kann mit Verbalformen oder Ableitungen der Wurzeln *kar* und *bhū* (auch von der Wurzel *as* wird es angegeben, solche Fälle sind jedoch, wenn sie vorkommen, zum wenigsten ausserordentlich selten) nach der Art eines Verbalpräfixes verbunden werden. Wenn der Stammauslaut ein *a*- oder *i*-Vocal ist, so wird er in *ī* verwandelt, ist er ein *u*-Vocal, wird er zu *ū*.

Ich glaube nun, dass wir die in diesen Formen auftretenden -ī und -ū als Instrumentalendungen von *i*- und *u*-Stämmen anzusehen haben.

Anders will Delbrück, Grundr. 3, 540, diese Formen auffassen. Er nimmt für ihre Entwicklung zwei Ausgangspunkte an. Den einen findet er in *muṣṭī kar*, wo *muṣṭī* nichts anderes sein soll als der Dual von *muṣṭí* »Faust«, so dass *muṣṭī kurutē* ursprünglich bedeutet habe »er macht sich beide Fäuste«. Dadurch aber, dass man verstand »er macht seine beiden Hände zu Fäusten«, sei in *muṣṭī* resultativer Sinn gekommen und so konnte in diesem resultativen Sinne die Form fortzeugend wirken.

Den zweiten Ausgangspunkt sieht er in den Nominativen auf -ī, welche zu Stämmen auf -*in* gehören. So sieht er in dem TB. 1, 2, 6, 7 überlieferten *udvāsīkārin* »von Wohnungen leer machend« eine Neubildung zu *udvāsī kṛtáḥ* »einer, der um seine Wohnung gebracht ist«, wo *udvāsī* Nominativ zu dem bei Pāṇini überlieferten *udvāsin* ist.

Ein strenger Nachweis, dass das ī nicht aus diesen Formen stammen kann, ist natürlich ebensowenig zu führen als der, dass es aus diesen Formen stammt. Gegen die Annahme, dass *muṣṭī kar* als Ausgangspunkt anzusehen sei, lässt sich geltend machen, dass das -ī von *muṣṭī* doch kaum als Träger des resultativen Sinnes angesehen werden konnte, da *muṣṭí* seiner ganzen Bedeutung nach doch vorzugsweise im Dual gebraucht wurde. Wie da gerade der Ausgang -ī eine so besondere Bedeutung erhalten konnte, ist nicht abzusehen. Gegen den zweiten Punkt, den Delbrück anführt, spricht der Umstand, dass keine sicheren Beispiele dafür vorhanden sind.

Oben sprach ich die Ansicht aus, dass in diesen Formen auf -ī und -ū alte Instrumentalformen steckten. Sehen wir, was sich dafür anführen lässt.

Dass die Formen auf -ī und -ū Instr. von *i*- und *u*-Stämmen sein können, ist nicht zu bestreiten; dass sie es wirklich sind, ist aus den Formen selbst nicht zu beweisen. Dies kann nur dadurch bewiesen werden, dass wir auch sonst *kar* und *bhū* bezw. *as* in Verbindung mit Instrumentalformen finden. Und das ist, wie ich glaube, in einigen Fällen nachweisbar.

Hierher wird zunächst zu ziehen sein das AV. 5, 23, 8 überlieferte *maşmaşā́ kar* »zu Misch-Masch machen, zermalmen« (wofür TS. und VS. *masmasā* schreiben). Da aber dies eine onomatopoietische Bildung ist, ist eine sichere Entscheidung nicht zu treffen. Aber auch sonst haben die mit *kar* und *bhū* verbundenen onomatopoietischen Bildungen die Form des Instr., vgl. *alalābhávant* »munter werdend« RV. 4, 18, 6, *jañjanābhávant* »flimmernd« RV. 8, 43, 8, *babbabākurvan* »knisternd« AB. In dem *akkhalīkṛ́tyā* »jauchzend« RV. 7, 103, 3, welches Sāyaṇa durch *akkhalaśabdaṃ kṛtvā* commentiert, werden wir wohl mit Whitney, Ind. Gramm. § 1093, das erste Beispiel des *ī* zu erkennen haben.

Sicher Instrumentalformen sind *uccā́* und *uccā́is*. Diese liegen mit *kar* und *bhū* verbunden vor in *uccā́ cakrathuḥ* AV. 1, 116, 22, das Böhtlingk-Roth mit »heraufschaffen«, und in *uccāir bhavati*, das sie mit »sich erheben« übertragen. Die Grundbedeutung dieser Ausdrücke wird »hoch machen« bezw. »hoch werden« sein.

Weiter sehe ich, wie ich schon oben (Cap. III) bemerkte, einen Instr. in *tūṣṇī́m*. Denn wenn auch Hirt's Ansicht, dass das Instrumentalsuffix *-m* gewesen ist, nicht bewiesen ist, so müssen wir doch zugestehen, dass ein Suffix *-m* bei der Bildung des Instr. eine gewisse Rolle gespielt hat. Fassen wir *tūṣṇīm* als Acc., so scheint es mir unmöglich zu sein, eine genügende Erklärung für seine Verbindung mit *as*, *ās* und *bhū* zu finden. Diese Schwierigkeit löst sich, wenn wir es als Instr. auffassen und zwar als den eines Nomens **tūṣṇí-ṣ*, das ungefähr die Bedeutung »Stille, Schweigen« gehabt haben muss.

Mit dem *tūṣṇī́m* nannte ich oben das gr. ἀκήν zusammen. Wenn es auch nicht möglich ist, die beiden Worte lautlich mit einander zu vereinigen, so wird man sie doch in syntaktischer Beziehung nicht von einander trennen wollen. Auch hier ist es unmöglich, für die Verbindungen ἀκὴν ἐγένοντο σιωπῇ Γ 95 u. ö., ἀκὴν ἔσαν β 82 u. ö., ἀκὴν ἴσαν Δ 429 eine befriedigende

Erklärung zu geben, wenn man ἀκήν als Accusativ fasst. Als Instr. findet es jedoch leicht seine Erklärung.

Die aufgeführten Beispiele werden gezeigt haben, dass auch dem Ind. eine Verbindung von *kar* und *bhū* bezw. *as* mit dem Instr. nicht fremd ist. Allerdings sind alle jene Instrumentalformen schon vollständig zu Adverbien erstarrt. Aber ebenso sind die Formen auf *-ī* und *-ū* schon erstarrt. Sollte sich hieraus nicht eine Gebrauchsweise des Instr. in Verbindung mit jenen Hülfsverben ergeben, die in der historischen Zeit nicht mehr in lebendigem Gebrauch ist, in vorhistorischer Zeit aber einmal ziemlich ausgedehnt war?

Sehen wir zunächst, wie man eine solche Verbindung erklären kann. Da die grosse Masse von Formeln den Sinn hat »zu etwas machen, zu etwas werden«, müssen wir dies für eine, wenn nicht für die Grundbedeutung ansehen. Der resultative Sinn, der hierin liegt, kann aber nicht der ursprüngliche sein. Denn dem Instr. selbst ist ein solcher unbekannt. Er muss also schon die Folge einer spätern Entwicklung sein. Wie ist diese zu erklären?.

Die Antwort auf diese Frage giebt uns das ved. *gúhā kar* »verbergen, verstecken«. Dies könnte man auch übertragen »zu verstecktem machen«. Darüber aber, wie dies syntaktisch aufzufassen ist, kann man nicht in Zweifel sein. Es kann ursprünglich nur bedeutet haben »ins Versteck bringen, mit dem Versteck zusammenbringen«[1]), d. h. es ist hier der Begriff in den Instr. getreten, mit dem der durch die Handlung betroffene Gegenstand infolge der Handlung zusammenkommt. Hierdurch erklären sich die oben angeführten Verbindungen: *tūṣṇī́m as* »zusammensein mit dem Schweigen«, *uccā́ kar* »mit der Höhe zusammenbringen«, d. i. »heraufschaffen«. Zu bemerken ist hierbei, dass der im Instr. stehende Begriff natürlich nur ein Substantiv, kein Adjectiv sein kann.

Nun gehören aber die Formen auf *-ī* und *-ū*, welche, wie

1) Der Begriff »zusammen« liegt nicht im Verbum, sondern im Instrumental.

ich oben annahm, Instrumentalformen sind, zum grossen Teil zu Adjectiven. Hier ist auf die suffixgleichem Adjectiva und Abstracta zu verweisen, vgl. Brugmann, Grundr. 2, 414 ff.

Hier bleibt noch eine Frage: wie kommt es, dass wir in dieser Verbindung nur Formen auf -*ī* und -*ū*, aber keine auf -*ā* finden? Warum die Formen auf -*ā* untergegangen sind zu Gunsten der auf -*ī*, weiss ich nicht anzugeben. Ausgegangen ist diese Neubildung jedenfalls von solchen Fällen, wo stamm- und bedeutungsgleiche Worte mit *a*- und *i*-Suffix neben einander lagen, wie *ā́kūta-m* neben *ā́kūti-ṣ*, *cittá-m* neben *citti-ṣ*, *śuci-ṣ*, *śúci*- neben *śucá*- RV. 10, 26, 6. Indem man hier die zu den *i*-Stämmen gehörige Form auf -*ī* auf die *a*-Stämme bezog, empfand man das -*ī* (besonders, da dieser Gebrauch des Instr. sonst verloren ging) als den Träger der Bedeutung und übertrug es auch auf die übrigen *a*-Stämme.

Die zur Verwendung kommenden Substantiva sind teils Concreta, teils Abstracta. Eine Scheidung in der Bedeutung zwischen beiden scheint mir nicht möglich zu sein. Auszugehen haben wir jedenfalls von solchen Ausdrücken, wo das Substantiv als Concretum aufzufassen ist, wie *surabhī kar* »wohlriechend machen«, neben dem *surabhí* »wohlriechender Stoff« steht, so dass als Grundbedeutung anzusehen ist »mit wohlriechendem Stoffe zusammenbringen, versehen«. Von hier aus drang diese Verbindung auch zu den Abstracten vor, wie *mṛdū bhū* »sanft werden«, neben dem das Abstractum *mṛdú* »Milde« steht.

Wir müssen uns jetzt die Frage vorlegen: ist die soeben geschilderte Gebrauchsweise des Instr. eine einzelsprachliche Neubildung des Ind. oder ist sie schon proethnisch? Natürlich wenden sich hier unsere Blicke zunächst auf das Baltisch-Slavische.

Die in diesem Sprachzweige vorhandene Verbindung des Instr. mit den Verben »machen zu, werden zu« erklärt Delbrück, Grundr. 3, 264, als Anlehnung an die Verba »verwandeln in«, wo der Instr. als der des Mittels aufzufassen ist. Gegen diese Auffassung lässt sich nichts sagen, sie erklärt diese auffällige

Construction vollständig. Aus dem Slav. und Balt. dürfte sich also kaum etwas finden, was jener ind. Verbindung an die Seite zu stellen ist.

Überhaupt glaube ich, dass wir ausserhalb des Ind. nur eine derartige Verwendung des Instr. finden: das homer. ἀκήν. Wie schon bemerkt, fasse ich dies als Instrumental auf und zwar als den eines Substantivs *ἀκή »Stille, Schweigen«. Die Constructionen gleichen denen von aind. *tūṣṇī́m* und sind ebenso zu erklären. Das σιωπῇ in dem häufigen ἀκὴν ἐγένοντο σιωπῇ kann man sicher nur als ausmalenden Instr. auffassen, vgl. Delbrück, Grundr. 3, 256 f.

Wenn die obigen Erörterungen richtig sind, so wird man den von Delbrück aufgestellten Grundbegriff des Instr. etwas zu erweitern haben. Die Definition wird lauten müssen: In den Instrumental tritt der Begriff, der mit dem die Handlung vollziehenden zusammen ist, oder mit dem dieser infolge der Handlung zusammenkommt. Im Ind. fanden wir, dass auch der Begriff, der mit dem von der Handlung betroffenen Gegenstand infolge der Handlung zusammenkommt, in den Instr. tritt. Auch diese Gebrauchsweise halte ich, wenn ich sie auch nicht nachweisen kann, für ursprachlich. Wie wir sehen werden, wird sie uns bei der Erklärung unserer Präteritalformen wieder begegnen.

Dass die oben beschriebene Gebrauchsweise des Instr. bei den Verben »machen, werden zu« später wieder unterging, ist leicht zu verstehen. Die meisten Sprachen verloren den Instr. im lebendigen Gebrauch oder liessen ihn mit andern Casus zusammenfallen und mussten das sociative Verhältnis später durch Präpositionen ausdrücken. Im Baltisch-Slavischen kann diese Gebrauchsweise vielleicht zur Entwicklung des prädicativen Instr. beigetragen haben (man müsste dann auf die suffixgleichen Adjectiva und Abstracta zurückgreifen). Das Ind. hat sie erhalten, aber der Instr. ist adverbial erstarrt. Dass eine solche Erstarrung möglich war, kommt daher, dass der sociative Instr. sonst nur in Verbindung mit Substantiven und mit solchen Verben auftritt, in denen selbst der Begriff des Zusammenseins,

Zusammenkommens liegt. *kar* und *bhū* aber haben diesen Sinn nicht und werden sonst nie mit dem Instr. verbunden.

Wir kehren jetzt zu unsern Präteritalformen zurück, in denen wir eine Verbindung des Instr. mit Injunctiv- und Präteritalformen von *dhē*, *bheu̯* und *es* gefunden haben.

Die Haupteinteilung müssen wir machen nach der transitiven und intransitiven Bedeutung der Verba. Denn nur bei ersteren konnte *dhē*, nur bei letzteren *bheu̯* und *es* als Hülfsverbum erscheinen. Zunächst bespreche ich die transitiven Verba.

Ohne weiteres verständlich sind Ausdrücke wie **bhr̥rā dhēm* (lat. *forābam*, ahd. *borōta*) »ich machte mit dem Bohrer«, d. i. »ich bohrte«. Der hier erscheinende Instr. ist der des Mittels, vielleicht noch nicht ganz als solcher empfunden, sondern auf der Grenze zwischen sociativem und instrumentalem Gebrauch stehend. Verbindungen wie diese sind so natürlich zum Ersatz einer fehlenden Form, dass sie leicht, auch ohne Vorbild, geschaffen werden konnten. Wir können hierin ohne Zweifel einen der Ausgangspunkte für unsere Formenkategorie sehen.

Hierher gehören Denom. von solchen Concreten, welche ein Instrument, Werkzeug und dgl. bezeichnen. Ferner wird hierher zu ziehen sein von den als ursprachlich nachzuweisenden Denom. gr. μητίομαι, lat. *mētior* »mit Einsicht, Berechnung machen« und vielleicht auch aind. *vasnayáti*, gr. ὠνέομαι »durch den Kaufpreis erwerben«.

Zu einer zweiten Gruppe können wir zusammenfassen die Denom., welche bedeuten »jemand mit dem versehen, was das Grundwort anzeigt«. Hier haben wir die Fälle, wo das Nomen, von dem das Denom. abgeleitet ist, ein Concretum ist, und die, wo es ein Abstractum ist, gesondert zu betrachten.

Für diese in den späteren Sprachperioden reich vertretene Bedeutungsgruppe sind nur schwer grundsprachliche Beispiele nachzuweisen. Von solchen Fällen, wo das Grundwort als Concretum anzusehen ist, ist mir nur einer bekannt: got. *namnja*, gr. ὀνομαίνω »mit einem Namen versehen«. Das dazu gehörige Prät. musste lauten *nomna^x dhēm »ich versah mit einem Namen«[1]). Hier kann man in Zweifel sein, welchen Instrumentalgebrauch wir vor uns haben: den instrumentalen oder den sociativen. Mir scheint das letztere der Fall zu sein. Denn der Gegenstand, der hier im Instr. steht, ist nicht mit dem Subject zusammen thätig und das ist beim instrumentalen Gebrauch des Instr. sonst immer der Fall. Hier haben wir den oben behandelten Gebrauch, dass im Instr. der Begriff steht, mit dem der von der Handlung betroffene Gegenstand durch die Handlung zusammenkommt. Dies Verhältnis wird an einem andern als dem oben gebrauchten Beispiel klarer. Ich nehme hierzu das aind. *gúhā dhā* »verstecken«. Dies ist schon dadurch interessant, dass hier auch im Ind. *dhā* als Hülfsverb in derselben Verbindung erscheint wie im umschriebenen Prät. des Griech. und Germ. Dies *gúhā dhā* bedeutete ursprünglich »mit dem Versteck zusammenbringen«, dann »ins Versteck bringen, verstecken, verbergen«. — Hierher gehören auch Verba wie gr. hom. τελείω »zu Ende bringen, beendigen«, ἀκείομαι »zur Heilung bringen, heilen« u. a. m., sowie auch wohl *u̯orāi̯ō (gr. ὁράω, ahd. *bi-warōm*) »in Obacht nehmen«.

Ebenso ist die Entwicklung des Prät. bei den von Abstrakten abgeleiteten Denom. zu erklären. Diese haben die Bedeutung »jemand mit der Eigenschaft versehen, bei jemand die Eigenschaft hervorrufen, jemand in den Zustand versetzen, welchen das Grundwort anzeigt«. Als grundsprachlich nachzuweisende Beispiele anzuführen, ist mir nicht möglich; einige Verba, welche wahrscheinlich hierher gehören, werden unten zur Sprache kommen. Ich begnüge mich, einige Beispiele aus dem Griech. anzuführen wie δυάω »unglücklich machen« zu δύη »Elend«, ἀνιάω »betrüben« zu ἀνία »Betrübnis« u. a. m. Auch hier haben wir von einer ursprünglichen Bedeutung »ich brachte ihn zusammen mit dem Unglück« auszugehen.

Eng an die eben genannten Verba schliessen sich die von Adjectiven abgeleiteten Denom. an, welche bedeuten »jemand

---

1) Vgl. hierzu auch aind. *nāmnā kar*.

zu dem machen, was das zu Grunde liegende Adjectiv angiebt«. Im letzten Grunde sind diese Denom. nichts anderes als die eben genannten. Denn es gab von jeher in den idg. Sprachen Substantiva — und zwar Abstracta — und Adjectiva, die suffixgleich waren. So kann das got. *warmjan* ebenso gut von einem dem aind. *gharmá-s* »Wärme, Glut« entsprechenden Substantiv wie von dem in av. *garᵉma-*, lat. *formus*, ahd. *warm* vorliegenden Adjectiv eingeleitet sein. Es können demnach diese Denom. auch bedeuten »bei jemand die Eigenschaft hervorrufen, die durch das zu Grunde liegende Adjectiv angezeigt wird«. Dass dies der Fall war, beweisen uns lat. *novāre* ahd. *niuwōm*, air. *com-alnaim* ahd. *follōm*, lat. *gustāre* ahd. *costōm*, die jedenfalls von femininen Abstracten **neu̯ā* »Neuheit«, **pl̥nā* »Vollheit«, **ĝustā* »Geprüftsein« abgeleitet sind. Diese hätten also schon oben zur Besprechung kommen müssen. Ich habe sie dort übergangen, weil uns die zu Grunde liegenden Abstracta nicht überliefert sind. Das Sprachgefühl hat sie sicherlich auch zu den Adjectiven in Beziehung gesetzt. Im Prät. **neu̯ā dhēm* (lat. *novābam*, ahd. *niuwōta*) ist aber sicher das alte Abstractum geblieben. Daher können wir auch für die übrigen von Adjectiven abgeleiteten Denom. voraussetzen, dass ihr Prät. nicht mit dem Instr. des Adjectivs, sondern mit dem des suffixgleichen Abstractums gebildet war. Dann aber unterscheiden sie sich nicht von den oben besprochenen Präteriten.

Wir kommen zu den Denom. mit intransitiver Bedeutung.

Hier finden wir zunächst solche Verba, welche bedeuten »mit dem versehen sein oder werden, was das Grundwort anzeigt«. Von den als grundsprachlich zu erweisenden Denom. gehören hierher **dak̂rui̯ō* (wenn gr. δακρύω und got. *tagrja* sich überhaupt entsprechen) »voller Thränen sein, weinen« und **regesi̯ō* (aind. *rajasyáti*, got. *riqizja*) »werde mit Dunkelheit versehen, werde dunkel«. Auch **opesi̯ō* (aind. *apasyáti*, lat. *operārē*) »beim Werk sein, thätig sein« dürfte hierher gehören. Andere Verba dieser Art sind z. B. gr. αἱματάω »blutig sein« zu αἷμα, ὑπνόω »schlafen« zu ὕπνος, νοσέω »krank sein« zu νόσος. In den Präteritalformen musste als Hülfsverb *es* oder *bheu̯* erscheinen. Der Instr. ist als der sociative aufzufassen. Dies wird auch schon daraus klar, dass diese Verba gleichsam das Passiv zu den Verben mit der Bedeutung »jemand mit etwas versehen« bilden.

Eine zweite Gruppe der intransitiven Denom. hat die Bedeutung »das sein, zu dem werden, was das Grundwort aussagt«. Als grundsprachlich nachzuweisen ist von diesen **senei̯ō* (lat. *seneō*, lit. *senéju*) »werde alt« zu **seno-s* (lit. *sẽnas*) »alt«. Auch hier haben wir, wie oben bei den Denom. »zu etwas machen«, zur Erklärung des Prät. auf die suffixgleichen Adjectiva und Abstracta hinzuweisen. Der Instr. ist auch hier der sociative.

Hierher sind auch wohl die Verba zu stellen, welche bedeuten »sich gegen einen als das erweisen, was das Grundwort aussagt«. So würde das Prät. von **prii̯āi̯ō* (aind. *priyāyátē*, got. *frijō*, abulg. *prijają*), das sicher von einem Abstractum **prii̯ā* abgeleitet ist, das aber das Sprachgefühl auf **prii̯o-s* (aind. *priyas*) bezog, ursprünglich bedeutet haben »ich war zusammen mit der Liebe, voller Liebe«. Der Instr. ist sociativ.

Eine solche Ausdrucksweise konnte natürlich auch gebraucht werden, ohne dass ein denom. Präs. daneben stand. Vielmehr konnten auch die Präs. durch Umschreibung gebildet werden. Und dies wird der Ausgangspunkt der umschriebenen Conjugation des Ind. sein, wo allerdings bei den Hülfsverben eine Veränderung eingetreten ist, indem *dhā* durch *kar* ersetzt wurde. Dass beide gleichbedeutend sind, sieht man am besten daran, dass *gúhā kar* und *gúhā dhā* die gleiche Bedeutung haben.

Jetzt müssen wir uns die Frage vorlegen: Welche Tempora wurden durch Umschreibung gebildet? Zunächst ist sicher, dass ein Aorist gebildet wurde. Hierzu stimmt die Form des Hülfsverbs **dhēm*, denn sowohl das aind. *ádhām* wie auch das gr. *ἔθην ist Aorist. Seiner Form nach müssen wir auch **bhu̯ām* als Aorist ansehen, wozu auch die ingressive Bedeutung der Wurzel stimmt. Im Lat. fungiert dies aber als Imperf., im Ir. ist *no charfa*, welches auf **carŭ-bhu̯āt* zurückführt, sogar

Fut., wie **bhu̯ām* auch in nicht zusammengesetzter Form in lit. *bùvo* als Prät., in lat. *fuat*, air. *bā* als Conj. erscheint. Die hier vorliegenden Verhältnisse vermag ich nicht zu erklären, doch vgl. Brugmann, Grundr. 2, 1276. Periphrastische Imperf. erscheinen ferner im Slav. und Lit. Alt ist hier das im Slav. vorliegende Imperf., denn *es* konnte keinen Aorist bilden. Das Imperf. des Lit. ist dunkel, da die Endungen unklar sind.

Auf Grund dieser Thatsachen halte ich folgendes für das wahrscheinlichste. Die denom. Verba, welche keine ausserpräsentischen Formen besassen, bildeten einen periphrastischen Aorist, bei den transitiven Verben mit **dhēm*, bei den intransitiven mit **bhu̯ām* (**dhūm*, das nur im Germ. vorliegt, ist vielleicht erst eine Compromissbildung zwischen **dhēm* und **bhu̯ām*; ist es aber alt, so war es sicher nicht viel von **dhēm* in der Bedeutung verschieden)[1]. Es bilden sich auch andere Verbalformen durch Umschreibung, wie sie uns im Ind. überliefert sind. Da *es* und *bheu̯* sich gegenseitig in der Flexion ergänzen, vgl. Delbrück, S. F. 5, 273, tritt auch *es* ein: es entspringt hieraus das umschriebene Imperf., wie wir es aus dem Slavischen kennen. Über die ursprüngliche Bedeutung der Imperf. des Lat. und Lit. und ihre Entwicklung zu der in der historischen Zeit vorliegenden Bedeutung wage ich keine Entscheidung zu treffen.

Einen Punkt haben wir noch zu besprechen: die Bedeutungsentwicklung im Griech. Hier ist gleich zu bemerken, dass die Form auf **bhu̯ām* verloren gegangen ist. Die intransitiven Verba haben, sofern sie überhaupt einen Passivaorist bilden, und das ist nur bei sehr wenigen der Fall, die Form auf -θην angenommen.

Um die Entwicklung im Griech. zu verstehen, müssen wir uns daran erinnern, dass sich hier eine andere Bildung mit dem umschriebenen Prät. vermischte: die 2. Sing. Prät. Med. fiel in der Endung mit der entsprechenden Form unseres Prät. zusammen und bildete den Grundstock zu einem neuen Tempus der primären Verba. Die primären Verba hatten aber schon eine vollständig ausgebildete Flexion. Eine der beiden Präteritalformen musste untergehen oder ihre Bedeutung ändern; denn den Luxus, zwei grundverschiedene Formen bei demselben Verbum und in derselben Bedeutung neben einander zu gebrauchen, erlaubt sich die Sprache nicht. Dass gerade die Prät. der denom. Verba ihre Function ändern mussten, hat seinen guten Grund. Zwei Umstände sind massgebend dafür geworden, dass unser Prät. seinen activen Character verlor: die Vermischung mit den θης-Formen der primären Verba und der Einfluss des Aorists auf -ην. Beide Einflüsse aber müssen gleichzeitig auf unser Prät. eingewirkt haben, d. h. als *dh* und *th* in θ zusammenfielen, muss schon im Sprachgefühl der Anfang dazu gemacht gewesen sein, die Formen auf -ην und -θην auf eine Linie zu stellen.

Wie der Aorist -ην zu seiner passiven Bedeutung gekommen ist, ist bekannt; er verdankt sie der ehemals intrans. Bedeutung der mit $\bar{e}$ erweiterten Formen. An ihn schlossen sich die θην-Aoriste an und erhielten daher ebenfalls intrans. Bedeutung. Dass diese intransitiv-reflexive Bedeutung in dem Maasse durchgeführt wurde, wie wir es in der historischen Zeit des Griech. finden, kam durch die Vermischung mit den primären θης-Formen. Diese, als alte Medialformen, hatten von Hause aus intransitiv-reflexive Bedeutung und zogen daher die mit ihnen zusammenfallenden θην-Formen, bei denen sich diese Bedeutung auch schon teilweise eingestellt hatte, sämmtlich nach sich. Von der intransitiv-reflexiven zur passiven Bedeutung ist aber nur ein Schritt.

Ehe ich zu einer Zusammenstellung der Ergebnisse übergehe, muss ich hier noch eins bemerken. Es können nämlich neben dem Instr. noch andere Casus in solcher Verbindung verwandt sein. Den Nom. und Voc. wird man sicher nicht erwarten können, ebensowenig den Genit. Auch den Abl. dürften wir schwerlich so finden. Dagegen wäre es möglich, dass Acc., Dat. und Loc. einmal so im Gebrauche waren. Für den Acc. könnte man gr. δηρίν-θην »ich machte den Kampf«

anführen, doch kann hier ebensogut der Instr. vorliegen. In dem *sedē-* von lat. *sedē-bam* will Bartholomae, B. B. 15,244 Note, einen Dat. und Streitberg, J. F. 2, Anzeiger 170, einen Loc. sehen. Bartholomae's Annahme, dass *sedē-* ein Dativ sei, entstanden aus **sedēi̯*, ist nach Hirt, J. F. 1, 220 ff., unmöglich, da der Dat. schleifenden Ton hatte und schleifend betonte Langdiphthonge ihren zweiten Componenten nicht verlieren. Streitberg's Annahme ist möglich, aber für den Augenblick noch zu wenig gestützt. Principiell ist aber die Möglichkeit, dass Acc., Dat. und Loc. neben dem Instr. im periphrastischen Prät. erscheinen, zuzugeben.

Zum Schluss stelle ich noch einmal kurz die Ergebnisse unserer Untersuchung zusammen.

Die denom. Verba bildeten in der idg. Grundsprache ein periphrastisches Präteritum, da sie keine ausserpräsentischen Tempora besassen. Dies periphrastische Präteritum war eine syntactische Verbindung des Instrumentals des zu Grunde liegenden Nomens mit dem Präteritum eines Hülfsverbs. Als Hülfsverba fungierten in transitivem Sinne *dhē*, in intransitivem *bheu̯* und *es*.

Dies periphrastische Prät. ist uns erhalten im Ind., Griech., Ital., Germ., Lit. und Slav.

Im Ind. hat vielleicht das periphrastische Perfect Anspruch auf Verwandtschaft mit unserm Prät. Sicher gehört dazu die umschreibende Conjugation mit *kar, as* und *bhū*.

Im Griech. setzt sich unser Prät. in dem passiven θην-Aorist fort. Umgestaltet wurden hier die Aoriste der consonantischen Denom. Als Hülfsverb ist **dhēm* im Gebrauch, das aber nach Analogie des ην-Aorists sein η durch das ganze Paradigma durchgeführt hat.

Im Lat. ist unser Prät. im Imperf. erhalten und ebenso im Umbr.-Samnit. Mit dem Präs. der consonantischen Denom. ist auch das Prät. derselben verschwunden. Das Hülfsverb ist **bhu̯ām*.

Im Umbr.-Samnit. ist neben dem Imperf. ein Perf. der Nachkomme unseres Prät. Das Hülfsverb ist im Perf. **bhu̯om*.

Im Ital. und Kelt. hängt sicher das Fut. auf *$bh\underset{\frown}{u}ō$* mit unserm Prät. zusammen.

Im Germ. entspricht das schwache Prät. Umgestaltungen haben die *e*-, *i*- und consonantischen Denom. durch Einfluss der Caus. erlitten. Der Accent ist schon vor der (ersten) Lautverschiebung auf der ersten Silbe fest geworden. Als Hülfsverb dient **dhēm* und **dhām*; im Got. ist das -*ēd*- des Plur. Neubildung. (Da im Germ. so viele analogische Umgestaltungen stattgefunden haben, die aber teilweise wieder von einander abhängen, gebe ich unten — Anhang 2 — eine chronologische Übersicht über die Entwicklung im Germ.)

Im Lit. ist unser Prät. im Imperf. erhalten. Das Prät. der consonantischen Denom. ist mit diesen verschwunden. Das Hülfsverb hängt mit *dhē* zusammen, die Endungen sind aber unklar.

Im Slav. endlich ist das Imperf. der Nachkomme unseres Prät. Hier sind nur die Formen *ā*- und *e*-Denom. rein erhalten. Als Hülfsverb dient **ēsom*.

Anhang 1.

Das ahd. *teta*.

Dies bis jetzt übergangene Wort muss jetzt noch eine, wenn auch nur kurze Besprechung finden. Bei diesem Wort liegen zahlreiche Schwierigkeiten vor. Da ist zunächst die Gestalt der ersten Silbe: ahd. *te*-, as. *de*-, aber ags. *dy*-. Sievers, P. B. B. 16, 235 ff., will dies ags. *y* aus ursprachlichem *ə* herleiten. Ist das richtig, so würde man als Ausgangspunkt für die ags. Flexion dieses Wortes die 2. Sing. *dydes* = ursprachl. **é-dhə-thēs* (aind. *ádhithās*, gr. ἐτέθης) gewinnen. Woher stammt dann aber das *e* des Ahd. und As.? Eine gleiche Entstehung wie für das in griech. ἐτέθης erscheinende ε könnte man doch nicht annehmen. Für ahd. *teta*, as. *deda* wird nichts übrig bleiben, als an das Imperf. **édhedhēm* bzw. **édhidhēm* (aind.

ádadhām, gr. ἐτέθην) anzuknüpfen, vgl. Brugmann, Grundr. 2, 933, oder an das Perf. aind. *dadhāú*, vgl. Brugmann a. a. O. 1253.

Noch schlimmer liegt die Sache bei den Pluralformen ahd. *tātun*, as. *dādun*, ags *dǣdon*. Mit diesen weiss ich nichts zu machen und kann nur auf Brugmann, Grundr. 2, 1254 und die dort citierte Literatur verweisen.

Anhang 2.

Chronologie der Präteritalbildung im Germanischen.

1. Heterosyllabisches *ei̯* wird zu *ii̯*. Hierdurch fallen die Denom. von *e*- und *i*-Stämmen im Präs. zusammen.

2. Infolge dieses Zusammenfalls werden auch die Prät. uniformiert.

3. Der Accent im Prät. wird ausgeglichen und zwar zu gunsten der Fälle, wo die erste Silbe betont war.

4. Die Denom. auf *-ii̯ó* und die Caus. auf *-íi̯ō* gleichen sich im Accent aus. Die Caus. nehmen das Prät. der Denom. an.

5. Da bei den *ā*-Denom. im Präs. *-ā-i̯ō* und im Prät. *-ā-dhām* nebeneinanderstehen, tritt bei den *i*-Verben *-i-dhūm* für *-ī-dhām* im Prät. ein. Dass das Prät., nicht das Präs. die Neubildung erfährt, wird durch das Part. der Caus. veranlasst. Es ist dies der Anfang der Beziehungen zwischen *dh*-Prät. und *to*-Part.

6. Diese Beziehungen haben zur Folge:

a) die Umgestaltung des Prät. der Denom. von consonant. Stämmen, welche von jetzt an ihr Prät. ohne Mittelvocal bilden;

b) es schliessen sich andere Verba mit *to*-Part. in der Präteritalbildung an die Denom. an, besonders solche mit präsensbildendem *ē*.

7. Wegen ihrer Endung schliessen sich Formen der 2. Sing. Med. auf *-thēs* an das schwache Prät. an.

8. Die Verba mit präsensbildendem *ē* bilden hin und wieder ein Prät. nach Analogie der *ā*-Denom.

9. Die Lautverschiebung tritt ein. In den meisten Fällen

wird der Dental im Prät. und Part. gleich. Dies wird allgemein durchgeführt.

10. Die Lautgruppe *ij* wird zu *į*. Hierdurch fallen die Denom. von consonant. Stämmen mit den *e*- und *i*-Denom. und den Caus. zusammen und nehmen die Präteritalbildung derselben mit dem Mittelvocal *i* an. Vielleicht gehört dieser Process schon in einzeldialectische Zeit.

In einzelnem mögen diese Processe auch in anderer Reihenfolge stattgefunden haben. Es kann nämlich 3 vor 1 und 2, 8 vor 7 eingetreten sein; doch ist dies nicht von Bedeutung.